牡丹江师范学院课程思政教学案例集

李春江　主编

南开大学出版社

NANKAI UNIVERSITY PRESS

天　津

图书在版编目(CIP)数据

牡丹江师范学院课程思政教学案例集 / 李春江主编
. —天津：南开大学出版社，2025.1.
ISBN 978-7-310-06574-5

Ⅰ.①牡… Ⅱ.①李… Ⅲ.①高等学校－思想政治教
育－教案(教育)－中国 Ⅳ.①G641

中国国家版本馆 CIP 数据核字(2024)第 019502 号

牡丹江师范学院课程思政教学案例集
MUDANJIANG SHIFAN XUEYUAN KECHENG SIZHENG JIAOXUE ANLIJI

南开大学出版社出版发行
出版人：刘文华
地址：天津市南开区卫津路 94 号　邮政编码：300071
营销部电话：(022)23508339　营销部传真：(022)23508542
https://nkup.nankai.edu.cn

天津泰宇印务有限公司印刷　全国各地新华书店经销
2025 年 1 月第 1 版　2025 年 1 月第 1 次印刷
240×170 毫米　16 开本　15.5 印张　2 插页　275 千字
定价：98.00 元

如遇图书印装质量问题，请与本社营销部联系调换，电话：(022)23508339

主　编：李春江

副主编：程　爽　　张　冰

编　委：李殿伟　　韩　驰　　王　岚　　姜丽伟　　李　宁　　臧慧微

冯春丽　　张林影　　彭庆敏　　刘志学　　宋孝彬　　刘　硕

李　莹　　董奎玲　　陈雪松　　褚清清　　王丽丽　　臧国铭

刘　爽　　胡　博　　付振华　　田春艳　　孙瑞雪　　孙海一

谌雪燕　　王　悦　　贾忠峰　　李鑫春　　王　丹　　宋明华

韩　竹　　田　欣　　黄永媛　　李　洋　　战冠红　　田雅馨

王宁宁　　王　阳　　刘丽华　　于　爽　　邢乐红　　王　慧

付东辉　　王春花　　丁　蕊　　李树平　　张　羽　　张　蕾

左明辉　　贾林艳　　高　巍　　孙　杰　　孙明和　　葛　菁

张晓军

目　录

英汉笔译课程思政教学案例

单位：应用英语学院　作者：张林影

一、基本信息

课程名称：英汉笔译

授课对象：翻译专业一年级学生

教学章节：第七章

使用教材：《新编英汉笔译教程》

二、课程思政教学改革整体设计思路

课前准备：找准学生"最近发展区"，为学生搭建"脚手架"，布置几个省略法翻译的典型案例，让学生尝试着给出译文。让学生自己发现翻译中遇到的问题，发现英汉语言间的差异，带着问题进入课堂，带着问题听课。

新闻播报：为课堂热身。通过新闻播报培养学生关心国事天下事的习惯，做好意识形态和价值观引领。

新词新译：学习 5 个网络热点词汇。引导学生关注社会热点问题，了解各行业、各领域的新词新译，为今后步入工作岗位做好知识积累与储备。

新课导入：检查学生课前准备情况，采用探究式和启发式教学法分析讲解课前留给学生的翻译案例。通过典型翻译案例分析，让学生明白英汉翻译不是字对字翻译，而是需要恰当运用各种翻译技巧，根据具体情况或做减法，或做加法，自然过渡到新的翻译技巧的学习。

通过分析古诗《寻隐者不遇》的汉英对照版本使学生更直观、更深刻地理解英语中代词的使用频率远高于汉语，由此自然过渡到代词省略技巧讲解。

结合经典翻译案例讲授代词省略技巧。有理论，有案例，有分析。运用启发式教学法、交互式教学法，通过教师搭建"脚手架"，同学间讨论，让学生积极参与到课堂之中，实现师生、生生间的交互，让学生真正了解翻译技巧何时用，为何用，如何用。培养学生的主动探索精神和严谨的学习态度。

通过翻译练习检验学生对翻译技巧的掌握情况，然后进行查漏补缺。观看中国日报网（chinadaily com.cn）链接下的中国春节英文短视频，让学生通过观看 3 分钟的短视频学会用地道的英语介绍中国春节，掌握有关春节相关词汇的英文表达，帮助学生做好"中国元素"的英文储备，提高中华文化外译能力。

三、教学目标

1. 知识与技能目标

要求学生掌握翻译技巧省略法，能在翻译实践中灵活运用。

2. 思想政治教育目标

本次课将文化自信、家国情怀作为课程思政的建设方向和重点，课程思政建设目标为培养良好的翻译职业道德、敬业精神、团队合作精神与科研意识。

四、教学重点难点

省略法的具体应用为本章重点，同时也是难点。学生需多做翻译练习，在不断的实践中掌握翻译技巧。

五、教学过程

课前准备：找准学生"最近发展区"，为学生搭建"脚手架"，布置几个省略法翻译的典型案例，让学生尝试着给出译文。将有关春节的汉语短语发给学生，让学生尝试着译为英语。

（1）the Chinese Dream

（2）Socialism with Chinese Characteristics for a New Era

（3）Remain true to our original aspiration and keep our mission firmly in mind.

（4）It takes a good blacksmith to make steel.

设计意图：让学生自己发现翻译中遇到的问题，发现英汉语言间的差异，带着问题进入课堂，带着问题听课。

新闻播报：以两名同学的英语新闻播报（疫情应对糟糕，美国国际声誉跌至二十年来最低点；经济增长由负转正）为课堂热身，同时就新闻内容进行提问互动，将学生注意力引入课堂。

设计意图：通过新闻播报培养学生关心国事天下事的习惯，做好意识形态和价值观引领。结合新闻内容引导学生坚定"制度自信"，为生在中国这个伟大的国度而骄傲，润物细无声地融入思政元素。同时为学生提供换位体验机会，以此开展师生、生生互动，打破课堂沉默。

新词新译学习 5 个网络热点词汇：

（1）health QR code 健康码

（2）mobile cabin hospitals 方舱医院

（3）designated hospital 定点医院

（4）confirmed case 确诊病例

（5）suspected case 疑似病例

设计意图：引导学生关注社会热点问题，了解各行业、领域的新词新译，为今后步入工作岗位做好知识积累与储备。

新课导入：检查学生课前准备情况，采用探究式和启发式教学法分析讲解课前留给学生的翻译案例。

（1）the Chinese Dream 中国梦

（2）Socialism with Chinese Characteristics for a New Era 新时代中国特色社会主义

（3）Remain true to our original aspiration and keep our mission firmly in mind.

不忘初心，牢记使命。

（4）It takes a good blacksmith to make steel.

打铁还需自身硬。

设计意图：通过典型翻译案例分析，让学生明白英汉翻译不是字对字翻译，而是需要恰当运用各种翻译技巧，根据具体情况或做减法，或做加法，自然过渡到新的翻译技巧的学习。

Definition: Omission, also known as ellipsis or subtraction translation, means that in translation, some words in the original text can be omitted in the translation text. Although there is no such a word in the translation, its meaning has already been expressed or the meaning of the word in the translation is self-evident.

Purpose: The purpose of omission in E-C translation is to achieve the effect of succinctness, especially in the cases of English pronouns and functional words such as the article, the preposition, the conjunction, etc.

Principle: The translation should not subtract any meaning from the original work.

对省略法的定义、进行省略的目的及运用省略法的原则进行介绍。

设计意图：在讲授翻译技巧前，首先要让学生了解什么是省略法，翻译中为什么要进行省略，省略要遵循什么原则。让学生明白学习这一技巧并不意味着翻译中可以随意进行省略。

1. Omission of the Pronoun

*《寻隐者不遇》——贾岛

松下问童子，言师采药去。

只在此山中，云深不知处。

*译文——许渊冲

For an Absent Recluse

I ask your lad be neath a pine-tree.

"My master's gone for herbs," says he.

"Amid the hills I know not where,

For clouds have veiled them here and there."

汉语重义合，表现为隐性的句法逻辑，重语义传达，结构较松散，经常使用无主句；英语重形合，句法逻辑为显性，必须借助逻辑词或代词确保形式上完整。

设计意图：通过分析古诗《寻隐者不遇》的汉英对照版本使学生更直观、更深刻地理解英语中代词的使用频率远高于汉语，由此自然过渡到代词省略技巧讲解。

1.1 Omission of Possessive Pronoun

A possessive pronoun is a pronoun which is used to refer to the thing of a particular kind that belongs to someone.

*Jeff was about to head into the freezing air when his mother stopped him and she carefully put his gloves on hishands. 天气极为寒冷，杰夫正要出门，被母亲叫住了，细心地为他戴上手套。

*He put his hands into his pockets and shrugged his shoulders. 他双手插兜，耸了耸肩。

英语中的所属关系指代非常明确，在句法中是一种显性体现，而汉语中是隐性体现，所以英汉翻译经常要进行物主代词的省略。

1.2 Omission of Personal Pronoun Used as Subject or Object

*If you give him an inch, he will take a yard. 得寸进尺。

*The teacher should encourage the child to proceed as far as he can, and when he is stuck, ask for help. 老师应该鼓励孩子尽量自己去做，遇到困难再去求助。

英语注重句子结构的严谨性与完整性，因此，为了使句子完整，英语中在不需要主语的情况下会出现泛指人称代词做主语。而汉语注重句子意思，不拘泥于形式，因此英汉翻译中会省略无实际意义的泛指人称代词。

1.3 Omission of "it"

1.3.1 Omission of "it" in Emphatic Sentences

*It is anger that is repressed that leads to violence and loss of control. 正是被压制的愤怒导致暴力和失控。

*It is only shallow people who judge by appearances. 只有浅薄的人才会以貌取人。

1.3.2 Omission of the Formal Subject "it"

*It's up to us to change things we don't like. 能否改变那些我们不喜欢的事情取决于我们自己。

*It is clear that the ability to smile is inborn. 显然，笑的能力是与生俱来的。

*It is better to do well than to say well. 说得好不如做得好（喊破嗓子不如甩开膀子）。

英语是尾重心，汉语是首重心。为避免头重脚轻英语中会用 it 做形式主语，英汉翻译中要省略。

设计意图：结合经典翻译案例讲授代词省略技巧。有理论，有案例，有分析。运用启发式教学法、交互式教学法，通过教师搭建"脚手架"，同学间讨论，让学生积极参与到课堂之中，实现师生、生生间的交互，让学生真正了解翻译技巧何时用，为何用，如何用。培养学生的主动探索精神和严谨的学习态度。

2. Omission of the Article

The article is the hallmark of Englis hnouns. When translated into Chinese, it is usually omitted except when the definite article is intended to indicate the demonstrative pronouns "this, that, these, those", the indefinite article to indicate the numeral "one" or "a certain".

*This was the moment when Neil Armstrong became the first man to step on the Moon. 就在此刻，尼尔·阿姆斯特朗成了首位登上月球的人。

*Some parents believe a boy must learn to stand up and fight like a man. 有些父

母认为男孩子必须学会像男子汉一样顶天立地，勇于抗争。

汉语中没有冠词这一词性。英汉翻译通常省略冠词。但是，当不定冠词用来表示"一个"或"某个"的含义时，进行英汉翻译时不省略。

*It also reported another symptomatic case and a suspected case, according to the city's health authority. 据市卫生部门称，该市还报告了另一例无症状感染者和一例疑似病例。

*Yesterday, a Mr, Brown, 28 years old, came to visit you. 昨天，一位 28 岁自称布朗先生的人来拜访过你。

设计意图：本环节是为了让学生了解英汉词性方面的差别及其对翻译的影响。通过最后一个案例翻译，使学生明白一个冠词的出现也会改变句子意思，所以翻译需严谨。从时事新闻报道中选取翻译案例，使学生掌握翻译技巧的同时学会新词汇"无症状感染者""疑似病例"，不断更新教学内容。

3. Omission of the Preposition

Chinese is characterized by its succinctness and the preposition is less frequently used in Chinese than in English, and therefore omission of a preposition is a common practice in E-C translation.

Generally speaking, English prepositions used together with time or place, are often omitted in E-C translation especially if they appear at the beginning of the Chinese version.

*Turkey has extended an existing ban on smoking in public places to all bars, cafes and restaurants. 土耳其将现有的公共场所禁烟令扩大到所有的酒吧、咖啡馆和饭店。

*It comes after the government banned smoking from most enclosed public spaces in May last year in an effort to improve the nation's health. 这源于去年五月，为了改善国民健康，政府禁止在大多数封闭公共场所吸烟。

*In 2016, the 24 solar terms were included in UNESCO's Representative List of the Intangible Cultural Heritage of Humanity. 2016 年，24 节气列入联合国教科文组织人类非物质文化遗产代表作名录。

英语中代词使用频率较汉语高。与时间或地点连用的介词位于句首时，英汉翻译中通常省略。

设计意图：选取 2020 年翻译专业资格考试（CATTI）真题中的内容作为案例，

注重能力培养；选取有关中国传统文化的内容作为翻译案例，让学生学会翻译技巧的同时帮助学生做好"中国元素"的英文储备。

4. Omission of the Conjunction

Chinese is considered an analytic language and many conjunctions that are indispensable in English may seem redundant in Chinese, therefore, should be omitted in English-Chinese translation.

*It was an early September day, cool and bright and just right for running. 那是九月初的一天，秋高气爽，阳光明媚，正是跑步的好日子。

*If you confer a benefit, never remember it. If you receive one, remember it always. 施恩勿记；受恩勿忘。

*The solar term Qingming is observed in early April when the temperature begins to rise and rainfall increases. 清明这一节气是在 4 月上旬，这时气温开始上升，降雨量增加。

设计意图：让学生进一步了解英语形合与汉语义合之间的差别及其对翻译的影响，培养学生的思辨能力和解决问题能力。

附：翻译练习

*Like charges repel each other while opposite charges attract. 同性电荷相斥，异性电荷相吸。

*The whole world is looking at the development of the Bay Area. 全世界都在关注中国大湾区的发展。

*Now complaints are heard in all parts of that country. 该国各地怨声载道。

*Rumors had already spread along the streets and lanes. 流言蜚语传遍大街小巷。

*Never trouble yourself with troubles till trouble troubles you. 不要自寻烦恼。

设计意图：通过翻译练习检验学生对翻译技巧的掌握情况，然后进行查漏补缺。

观看中国日报网（chinadaily.com.cn）中国春节英文短视频。

设计意图：通过观看 3 分钟的短视频，让学生学会用地道的英语介绍中国春节，掌握春节相关词汇的英文表达，帮助学生做好"中国元素"的英文储备，提高中华文化外译能力。

总结课堂内容，整合学习要点，为学生布置 250 字左右的课外语篇翻译小组作业，周六前完成并提交到班级群。

六、教学反思

首先，完成了体现课程思政特色的英汉笔译教学大纲和自编课件；其次，建成了英汉翻译课程思政案例若干个。

通过为牡丹江师范学院中国抗联研究中心翻译整理东北抗战英文文献，让学生了解东北抗战史，将红色文化、红色精神融入课堂，对学生开展传统革命精神教育和理想信念教育；充分利用牡丹江及周边地区丰富的红色旅游资源优势，带领学生收集牡丹江红色旅游景点英文翻译文本，并进行翻译纠错，实现了翻译实践教学，将理论知识转化为理论信仰，推动英语翻译课程思政的实施。

需要进一步解决的问题：其一，未能结合课程自身特点开展课程思政；其二，其他教学环节课程思政融入有待加强。

主要的改进措施：首先，留心时事，有意识地积累课程思政案例，发现课程"自带"的课程思政点，将课程思政做细做透；其次，发挥地域优势，依托牡丹江丰富的红色文化资源，将抗联精神融入翻译教学的各个环节，做到全方位课程思政；最后，增进同行间的课程思政教学经验交流。

七、教学成效

课程负责人获课程思政教学名师称号；2020 年英汉笔译课程被推选为校观摩课，获批校一流本科课程和黑龙江省一流本科课程。北京外国语大学 2021 年发布的中国大学翻译能力指数排行榜中，我校翻译教育能力排名第 42 位，是黑龙江省三所入选高校之一，课程负责人多次受邀参加翻译教学高端会议，并就课程思政教学改革做会议交流。

韩国文学作品选读课程思政教学案例

单位：东方语言学院　　作者：彭庆敏

一、基本信息

课程名称：韩国文学作品选读

授课对象：朝鲜语专业三年级学生

教学章节：第十二课

使用教材：国家规划教材《韩国文学作品选读》

二、课程思政教学改革整体设计思路

韩国文学作品选读通过两个学期的文学鉴赏学习，旨在提高学生的韩语阅读能力的同时，了解韩国诗歌和小说的特点、历史发展及艺术表现形式；加深对韩国文学的理解、培养欣赏兴趣。最大限度地激发学生的科研兴趣，增强专业认同感。该课程的思政教育主要通过在课程中加入同主题中国文学作品的对比鉴赏，增加学生对于文学作品的体验感，培养鉴赏能力，以及对于比较文学的初步认知。同时将思政观念融入各个单元主题的发表和讨论中，对学生开展国情政策、家国情怀、政治素养、理想信念、价值观念教育。学生在领略外国文学发展的同时，引导学生对相关文化现象形成正确的认知，在对相关作家作品进行审美鉴赏的过程中，形成向上向善的追求，进一步激发民族自信心和爱国主义情愫。

本课程通过"线上+线下+360°评价"混合式的教学模式，课前线上预习紧密对接知识点，随时随地学；课上线下翻转课堂，弱化语法讲解的书面性，重点突出中韩文学比较，提高学生课程参与度，激发文化自信；课后线上完成任务，线下搜集主题演讲资料。多角度确认学生掌握学习情况，使学生在学习过程中树立正确的人生观、价值观，形成良好的道德观和人文素养，形成向善的追求，进一步激发民族自信心。培养学生既具国际视野又有家国情怀，用韩国语讲述中国故事，传播中国思想。

三、教学目标

1. 知识与技能目标

知识目标：增加词汇量；习得文学用语、文学表达方式；提高韩语及文学用语运用能力。

能力目标：提高韩语阅读能力；了解韩国诗歌和小说的特点、历史发展及艺术表现形式；加深对韩国文学理解、培养欣赏兴趣。

素质目标：激发科研兴趣，增强专业认同感。

价值目标：课程中加入中国文学作品的对比鉴赏，增加学生对于文学作品的体验感，培养鉴赏能力。通过实例融入作品进行课程思政，引起学生共鸣，达到育人目的。

2. 思想政治教育目标

让学生领略外国文学发展的同时，引导学生对相关文化现象形成正确的认知，在对相关作家作品进行审美鉴赏的过程中，形成向上向善的追求，进一步激发民族自信心和爱国主义情愫。对相关事物的认知，以科学合理的分析思路方法为前提，形成较为客观的分析和理性的评判，从而提高分析问题和解决问题的能力。使学生树立正确的人生观、价值观，形成良好的道德观和人文素养，进一步激发他们的民族自信心。使其既具国际视野又有家国情怀，用韩国语讲述中国故事，传播中国思想。

四、教学重点难点

第一，课堂授课部分韩语授课，理解韩国现代文学发展史、发展背景，并且传授文学作品鉴赏方法，提高理解力和语言分析能力。重点在于了解韩国的文化发展内涵，触类旁通联系我国文学文化；夯实文学鉴赏能力，培养诗学美学认知，认知自我。

第二，课堂练习部分除了要求完成书上的要求，还补充适当的课外练习，要求学生课外查找相关主题发表的材料，组织整合完成，让学生掌握提高文学鉴赏表述能力的同时锻炼知识拓展的能力。能从内心体验到文学作品的魅力，激发学生继续精进求学的热情、信心和使命感。

五、教学过程

韩国文学作品选读在蓝墨云班课在线平台上分享了 74 个课程资源，课前线上预习紧密对接知识点，随时随地学；同时整个学期发布了 14 个小组任务，进行了 5 个平时测试随时确认学生学习掌握情况；开展了 4 次头脑风暴，7 次直播讨论。

课上线下翻转课堂，弱化语法讲解的书面性，重点突出中韩文学比较，提高学生课程参与度，激发文化自信；课后线上完成任务，线下搜集主题演讲资料。

同时提供丰富的拓展资料，包括视频（综艺、影视剧、纪录片、新闻等）、音频（美文、歌曲等）、文字（领导人讲话稿、文学作品）等，重视学生自主学习，构建专业知识领域，逐步形成专业集群。课上线下翻转课堂，弱化语法讲解的书面性，重点突出中韩文学比较，提高学生课程参与度，激发文化自信。

线下课程的课程思政主题主要通过以下几个方面进行选定。

1. 在典型话题讨论中展开课程思政

将思政观念融入通过各个单元主题的发表和讨论中，对学生开展国情政策、家国情怀、政治素养、理想信念、价值观念教育。以阅读材料为依托，增加考查学生思辨能力的练习，选取和使用的典型话题和材料开展课程思政：

（1）人际（跨文化）交往的意义、原则和艺术；

（2）服务国家和社会的价值取向；

（3）诚信敬业的学习生活准则；

（4）自我教育与自我管理的方法与提升路径；

（5）合作能力和创新精神的培养；

（6）个性化发展与思辨能力训练；

（7）亲情、友情、爱情的内涵与转化。

2. 通过引导学生掌握相关问题分析的正确方法开展课程思政

在教学过程中，教师要根据不同类型文学问题的特点，引导学生掌握分析问题的科学方法。比如，对文学人物的分析，可以以文学伦理学批评为指导，在文本细读的基础上，分析人物所处的时代背景，重点关注人物成长过程中的伦理选择，从而给予人物客观合理的评价，实现文学的教诲作用。比如被誉为韩国新小说开篇之作的《无情》中，我们可以以 20 世纪初期韩国社会的特点为出发点，分析于连的两次爱情经历，从他的伦理选择分析中使学生明白：每个人理想的实现必须付出脚踏实地的努力，以牺牲他者的利益实现个人目标，必将是搬起石头砸自己的脚，甚至走向毁灭。

3. 通过更新、改进教学内容开展课程思政

在介绍文学流派时，可将朝鲜无产阶级文学的资料融入课程。从新倾向派到1925 年"卡普"（朝鲜无产阶级艺术联盟简称）的成立，标志着朝鲜无产阶级文学的兴起。1927 年，"卡普"进行了一次整顿，制定了新纲领，明确提出以马克思主义为指导思想，宣布作为无产阶级革命的一翼开展无产阶级文学运动。结合朝鲜的文学特点，将社会文化等领域出现的新词汇及其权威表达引入课堂，同时期中国文学特点、近代文学特点、社会体制等学习内容加入课程之中，不断更新教学内容，使学生了解政治、经济、社会和文化等领域发展的新动态。潜移默化地将新时代中国特色社会主义理论、党的执政理念、党领导下的国家在各领域取得的伟大成就等国情国策、国体政体内容融入教学，增强学生"四个自信"，加深对社会主义核心价值观的理解，使学生既具国际视野又有家国情怀。

4. 通过指导申报大学生创新项目开展课程思政

本教学团队均为青年教师，已指导学生完成国家级大学生创新创业项目 1 项，省级大学生双创项目 1 项，翻译课程教改项目 1 项，翻转课堂教改项目 1 项，学生发表论文 5 篇，拥有丰富的指导经验与热情。在此基础上，通过组织学生申报文学作品翻译类大学生创新项目，在提高学生文学作品的鉴赏能力的同时，锻炼了韩文与中文的转换能力。既培养了学生的实践创新意识、科学研究能力及团队合作精神，也让学生在实践活动中深化认识、提升感悟、锻炼成长。

六、教学反思

韩国文学作品鉴赏不但需要学生具有高水平的韩国语应用能力，同时要了解文学作品的创作技术技巧，还需要学生具备丰富的想象力和生活阅历。本课程始终牢记"为谁培养人才"的教学目标，让学生通过经典的作品加强基础知识构建；了解韩国的文化发展内涵，触类旁通联系我国文学文化；夯实文学鉴赏能力，培养诗学美学认知，认知自我；能从内心体验到文学作品的魅力，激发学生继续精进求学的热情、信心和使命感。但是这个过程的培养和学习是漫长的，需要不断地接触各类文学作品，不是一两个学期能够完成的，是不断持续的过程。

1. 教学目标达成度

学习积极性显著提高，从平台数据发现，课程配套资源被学生充分利用，为学生自主学习和个性化学习提供了有效支撑。尤其是韩国语诗歌创作方面大大激发了学生的创新创意能力。在线平台开展了 5 次测试，参与人次达到 111 人次，

测试成绩 60 分以上达到 80%，优秀率达 40%，知识和能力目标达成；作业提交次数达到 436 人次；平台讨论区，课堂表现数量 70 人次，活跃度高，反映出学习积极性得到提高；课程讨论，主题发表数量质量提高，问题分析到位，能力目标即综合素质和职业素养目标达成。

2. 不足与改进措施

学生盲目追求实验高分和试验进度，缺乏深层思考。诗歌创作能力、总结能力不足，缺乏深层思考导致知识内化不足，解决复杂问题的能力不强。拟通过开放式提问激励学生深度思考。学生获取在线学习经验值的方式查阅资源占约 50%，完成作业占 26%，参与活动占 10%，拟均衡各活动比例分值。

七、教学成效

韩国文学作品选读自 2020 年起课程设计了基于成果导向教育（Outcomes-Based Education，OBE）理念的"线上+线下+360°评价"混合式韩语教学模式，并应用在 2017 级、2018 级、2019 级朝鲜语课程。课程聚焦在学生完成学习后能达成的学习成果上，重视课程思政与课程内容相结合，丰富韩国语高阶段语言表达的内容，注重个体差异，培养学生的外语输出能力。

课前线上预习紧密对接知识点，随时随地学；课上线下翻转课堂，弱化语法讲解的书面性，重点突出中韩文学比较，提高学生课程参与度，激发文化自信；课后线上完成任务，线下搜集主题演讲资料。同时提供丰富的拓展资料，包括视频（综艺、影视剧、纪录片、新闻等）、音频（美文、歌曲等）、文字（领导人讲话稿、文学作品）等，重视学生自主学习，构建专业知识领域，逐步形成专业集群。

基于 OBE 理念的 360°评价方式，不唯试卷、不唯成绩、多元化评价学生学习效果。教师参照线上数据确认全面了解学生这一阶段的学习轨迹和表现，发掘自身强项和短板，有针对性地"扬长补短"。积极带领学生参与大创项目，完成国家级大学生双创项目一项，省级大学生双创项目一项，以"项目促实践"，积极调动学生的主观能动性，保持对专业的好奇心和进取心。正在进行的牡丹江朝鲜文化文学宣传公众号的项目受到了牡丹江朝鲜族作家协会、牡丹江朝鲜民族艺术馆、牡丹江朝鲜族振兴会的大力支持，极大地锻炼了学生的沟通能力，增强了专业自豪感和自信心。

中学教育学课程思政教学案例

单位：教育科学学院　作者：刘志学

一、基本信息

课程名称：中学教育学

授课对象：全体师范生

教学章节：第二章第一节

使用教材：《教育学基础》

二、课程思政教学改革整体设计思路

中学教育学课程通过探索实践，基本形成了"1234"课程思政建设模式，"1"即明确一个目标，课程紧密围绕培养新时代"四有好老师"的课程培养目标开展课程教学，课程的教学设计、教学实施和教学评价都围绕这一目标开展；"2"即线上、线下两种教学方式开展教学，通过设计丰富的在线课程思政资源库，方便学生课前预习、课后复习，线上、线下混合式教学，提升课程教学效果；"3"即强调三个环节，分别为课前、课中和课后，全程关注课程思政与教学活动的深度、有机融合；"4"即基于四个方面，从教学方法、教学手段、教学内容和教学评价四个方面开展课程思政教学改革。

通过"1234"课程思政教学改革，让学生深刻认识到教育是培养人的活动，我们的教育是培养社会主义事业的建设者和接班人的事业，因此，要关注培养什么样的人、为谁培养人、怎样培养人等根本问题。同时，提高学生的育人本领，增强学生的教育自信，培养学生端正的教育价值观，实现课程的育人目标。

三、教学目标

（一）知识与技能目标

掌握教育学的概念；理解教育学的研究对象；能够鉴别一项活动是否属于

教育。

（二）思想政治教育目标

增进对教育事业的情感，坚定从教信心。

四、教学重点难点

教学重点：如何深刻理解教育学作为一门学科的重要意义。

教学难点：教育学研究对象的内涵界定。

解决方法：通过案例分析、师生讨论和资料收集整理分析，深化对教育学、教育学研究对象的理解与认识。

五、教学过程

（一）导入环节

中学教育学是所有师范生都必须修读的一门公共课，那么，什么是教育学，这门课程主要涉及哪些内容，研究对象是什么，教育学这门学科产生和发展的历史是怎样的，教育学为何占有如此重要的位置，我们为什么必须学习这门课程，学习教育学对我们有何意义，我们应该怎样学好这门课程，带着这些问题，我们将进入今天第一节课的学习。

（二）新课讲解

1. 教育学的概念

教育学是研究教育事实和教育问题，揭示教育规律的一门科学。

教育是一种培养人的活动，从广义上说，包含着有目的地促使人个性形成的一切影响的总和，是人形成的整个社会化过程。教育学研究的对象历来主要是学校教育（指专门组织的、以教与学为主体形态的教育现象和教育问题，是教育者按照一定社会的要求，有目的、有计划、有组织地对受教育者的身心施加影响，把受教育者培养成一定社会需要的人的活动）。

2. 教育学的研究对象

教育是培养人的一种社会活动，它广泛存在于人类社会生活之中，人们为了有效地进行教育工作，就需要对它进行研究，总结教育经验，认识教育规律。教育学是通过对教育事实和教育问题的研究，从而揭示教育规律的一门科学。师范院校教育学就是帮助教师或未来的教师获得必要的教育理论素养、必需的专业思维意识和基本的解决教育问题的工作原则和方法的一门课程。

（1）教育事实

教育事实（亦称教育现象）具有广泛的含义：一方面，教育事实作为研究对象，说明教育学研究对象是存在于现实之中的客观存在物，是可以被我们认识的，而不是主观臆测的各种观念；另一方面，教育事实是正在从事着的教育实践，它包括各种形式、各种类型、各种模式的教育事实，还包括教与学过程中的教育因素和教育行为，这些是教育学研究对象中的教育事实部分。

（2）教育问题

当教育事实积累到一定程度，被教育工作者议论、评说时，教育问题便产生了。比如人们有意识地提出了"为谁培养人""培养什么样的人""培养什么样的人"等问题，并对此进行讨论，于是就产生了"教育问题"。当一个个的"教育问题"提出来，得到回答、解释，并解决矛盾和疑难时，教育科学研究便有了开端。

（3）教育规律

所谓规律，它是不以人们意志为转移的客观事物内在的、本质性的联系及其发展变化的必然趋势。教育规律就是教育内部诸因素之间、教育与其他事物之间的具有本质性的联系，以及教育发展变化的必然趋势。

因此，通过对教育学的学习，可以使我们了解教育的规律，深化人们对教育的认识，更新人们的教育观念，掌握教育方法，从而提高工作的自觉性，避免工作中的盲目性，增加对教育工作的兴趣，提高对人民教育事业的热爱，为培养社会主义建设人才做出更大的贡献。

（三）总结与作业布置

通过本节课的学习，我们知道了教育学是研究教育事实和教育问题，揭示教育规律的一门科学，也知道了教育问题、教育规律和教育事实是教育学的研究对象，这些基本问题是后续学习教育学的基础。

课下，同学们需要查找资料，自己梳理一下教育与教育学的区别，以及作为一名教师应如何认识和理解教育学，下节课提交。

六、教学反思

课程教学通过课前准备、课程教学和课后作业三个环节的安排设计，将课程思政理念贯穿教学全过程。

教学思路清晰、教学重点明确、讲解明了，学生通过课程学习能够认识到教育和教育学的区别，理解教育学的研究对象，知道教育学的重要意义，强化学生对教育理论的理解，增强学生对教育事业的情感，为学生将来从事教师职业奠定一定的理论基础和情感准备，增进学生的教育自信。

同时，因课程为理论课程，且学生缺少教育实际经验，对很多教育问题认识不足，理解深度有限。课程为公共课，课程教学学时数量不多，班级规模较大，做好课堂教学管理、调动学生学习积极性和课程教学参与度存在一定的难度。

因此，有必要进一步改进教学模式，增强课程教学的实践性，让学生结合自身的受教育经历，参与课程教学讨论，提升学生的课程教学参与度。减少课程教学班级规模，控制在 60 人以内小班授课，确保学生发言机会，可有效地提高教学质量和效果。

七、教学成效

帮助学生形成教育自信。使学生认识到中国悠久的教育历史，博大精深的传统文化，以德为先的教育思想，特别是改革开放以来，教育事业取得的巨大成就，增强学生的民族自尊心、自豪感。

促进学生对社会教育事业的理解。帮助学生形成辩证唯物主义和历史唯物主义的教育思想和观点，全面认识马克思主义关于人的全面发展理论、深入了解习近平总书记关于教育的重要论述，深刻认识培养德智体美劳全面发展的社会主义事业建设者和接班人的重要意义。

增强学生投身教育事业的理想信念教育，培养学生的教育情怀。让学生感受到教育在培养新人、塑造灵魂过程中的重要作用，培养学生对社会主义教育事业的热爱之情，促进学生师德养成。

影视后期特效课程思政教学案例

单位：美术与设计学院　　作者：宋孝彬

一、基本信息

课程名称：影视后期特效

授课对象：动画专业大二学生

教学章节：第 1—4 章

使用教材：《After Effects 标准教程》

二、课程思政教学改革整体设计思路

1. 课程的指导思想

影视后期特效课程是动画专业必修课。通过影视后期特效知识的学习，培养学生影视作品创作能力，提高学生综合素质。本课程以培养创新精神为灵魂，培养实践能力为根本，在传授专业知识的同时，以社会主义核心价值观为切入点，在教学、创作中融入了思政元素，使学生在掌握专业知识的同时，培养学生理性思辨、明辨是非的能力，内化其爱党爱国的情怀，增强文化自信，把专业课内容与思政教育内容有机结合，树立正确的人生观、价值观。

2. 课程与教学改革要解决的重点问题

（1）如何解决"教学方法单一"，提高教学质量；

（2）如何解决课程思政内容和专业课程知识完美融合，达到教书育人的效果；

（3）知识型培养转化为能力型培养的问题，如何解决实践教学与学生社会职业能力相适应的问题，"授人以渔"，提高学生社会职业需求的能力和素质。

3. 教学方法及途径

课程采用"两平台、三环节、一目标的线上线下混合式教学"设计。

（1）线上视频讲解影视后期特效专业知识，通过教师的讲解、表演、朗读，将思政内容与专业知识完美融合，形成一个整体；

（2）线下以"社会主义核心价值观"为主题进行影视作品实践创作，教学过程提高学生专业技能，教学结果培养学生思政意识和创新能力。专业是技能，内容是思政，寓教于"情"、寓教于"政"，通过情感、态度、价值观导向，使学生产生情感共鸣，达到立德树人教育的根本目标。

（3）课后组织学生参加各类大赛和社会实践，培养社会职业能力和素质，使学生既是思政受教育者，又是思政宣传者。

4. 预期的成效

（1）专业培养和课程思政教育完美融合；

（2）学生政治素质得到有效提升；

（3）学生和社会职业竞争能力增强。

三、教学目标

1. 知识与技能目标

学生基本掌握后期特效软件的使用，掌握影视后期特效制作的基础知识，加强影视后期特效核心知识和国内外影视前沿理论知识学习。

具有影视后期特效应用的能力，影视审美与鉴赏能力，沟通协作能力，实践与创新能力；自主学习与影视创作研究的能力。

具有创新思维和现代的创作理念，具有坚强的自信心和良好的心理素质。

2. 思想政治教育目标

培养具有创新思维和现代的创作理念，具有坚强的自信心和良好的心理素质，具有正确的理想信念价值取向、政治信仰和社会责任感的社会主义接班人。

四、教学重点难点

教学重点：学生能够掌握影视后期特效的知识与技能，具有后期特效制作的能力；在专业学习的同时潜移默化地进行课程思政教育。

教学难点：培养学生的创意性思维，如何能够引导学生树立正确的人生观、价值观。

五、教学过程

教学内容：根据课程特点，教学任务以周的形式开展。

第一周：训练学生积极向上的思维习惯，养成诚实守信的良好习惯。比如：在制作"变脸"效果时，指出"在我们实际生活中也有许多变脸人，当面一套背后一套，虚伪、口是心非、见利忘义。所以我们每个同学都要做到诚实守信、表里如一，不要成为生活中的变脸人"。

第二周：将中国传统文化与课程进行融合，去适应、引导学生价值观、文化观的正确建立，坚定文化自信，建立民族自豪感。在实例制作上，选择有代表性的后期效果来表现思政主题内容。实例制作"雪花飘飘"效果中，融入毛主席诗词《卜算子·咏梅》，学习梅花高洁、谦虚和不惧风雪的傲骨精神，感受中国文化的魅力，坚定文化自信。

第三周：引入"古人有一身正气两袖清风，当今社会我们每一个人都要做到出淤泥而不染，诚信立身，清正廉洁"。以清正廉洁为主题来学习制作反腐倡廉文字动画效果，训练学生在创作过程中深挖主题内涵，在创作公益广告作品的同时接受廉政教育。

第四周：以教学大纲推荐的参考书目《永远在路上：严于律己做人，清正廉洁做事》和《中国梦·我的梦》作为创作素材，围绕着思政元素进行创意构思，在作品创作中达到育人的目的。

教学组织实施：注重师生交流，以情感人，以情育人。

（1）通过线上学习的疑难问题，提高学生的专业知识能力，在辅导答疑中融入思想教育与价值引领，使学生的专业技能和政治觉悟双提高。

（2）通过欣赏优秀公益广告作品，分析讲解公益广告的制作方式、技巧与原理，主题内涵，宣传正能量，使学生树立正确的人生观、价值观。

（3）通过组织讨论，确定思政主题，撰写公益广告剧本。每个学生针对自己公益广告方案进行讲解，说明制作技巧、主题内容、社会影响、教育意义，教师根据剧本情况给出指导意见，让学生在创作中对思政内容更深入理解，亲身感受作品的教育意义。

六、教学反思

影视后期特效课程寓教于"情"、寓教于"政"，比如：在讲解汽车运动特效时，融入社会文明——不酒后驾车。讲解雪花特效时融入毛主席诗词——《卜算子·咏梅》，学习梅花高洁、谦虚、不惧风雪的傲骨和坚定文化自信等。

线下以思政元素为创作主题，培养专业能力的同时感受思政教育。教师通过情感、态度、价值观导向，使学生产生情感共鸣，学生由思政受教育者转变为思政教育宣传者，达到立德树人教育的根本目标。

1. 影视后期特效还存在以下不足

（1）课程知识内容与课程思政融合创新性有待提高；

（2）教学方法多样性有待加强，学生参与度不足，"两性一度"体现有待提高。

2. 进一步改进措施

（1）课程内容上：影视后期特效课程将进一步更新和优化课程内容，解决学校教育和社会需求相适应的问题；将本课程打造成为动画专业提升教学质量和学生职业能力的必备课程；

（2）教学方法上：丰富教学方法，使用现代技术使线上线下混合式教学模式更合理；更新和充实课程软硬件资源建设；课程思政与教学各环节完美融合，成为思政典型课程。把"教"与"学"转变为"学"、"实践"与"指导"。把"教室"变为"车间"，学生是"车间"的主人，作品就是产品，产品具有社会价值。

七、教学成效

通过全面的建设与改革，课程成果显著，评价结果优秀，学生社会就业竞争能力、素质增强。

1. 评价高

在最近的课程评价中，专家评价 95 分，学生评价 98 分。

2. 教学相长

课程获评校级线上教学典型案例，校级"金课"建设和"课程思政"建设课程，校级一流课程，校级课程思政师范课程。

3. 成果多

学生创作的思政宣传作品在全国高校廉政文化作品大赛中获得奖励 50 多项；教改项目获 2017、2019 年度校级教学成果一等奖；主持人获评 2020 年度校级课程思政建设教学名师称号。

4. 学生素质提升

毕业生就业能力显著提高，在电影《缝纫机乐队》《唐人街探案 2》和动画片《姜子牙》《哪吒》等剧组中都有本校毕业生担任后期工作，并得到用人单位的好评。

5. 应用广

网络课程浏览量 303239 次，使更多的学生受到课程思政教育；线下实践类课程教学多次在"国内各高校实践课程教学研讨会"上做经验介绍，对后续三维动画、影视短片创作、二维动画等课程具有支撑和辅助作用。

人机工程学课程思政教学案例

单位：美术与设计学院　作者：刘硕

一、基本信息

课程名称：人机工程学

授课对象：大学本科二年级

教学章节：第一章第一节

使用教材：《人机工程学与室内设计》（第二版）

二、课程思政教学改革整体设计思路

人机工程学是研究以人为中心的设计研究方法，通过课程教学使学生掌握生活环境中的人—家具—室内外环境的关系，了解室内外环境中的人与家具、人与空间的尺寸关系，创造出适宜人类生活居住、活动的空间环境。

通过课程学习能够把人的因素作为设计的主要条件和原则，为设计易用、安全、舒适的环境空间与家具提供理论依据和方法；能在解决复杂设计问题的技术方案中体现节能、环境友好、可持续的发展价值观，以及体现以人为本的设计价值观。

课程在教学中坚持价值引导导向，将中华优秀传统文化、理想信念教育、社会主义核心价值观教育等思政元素融入课程的讲授中。坚持对学生能力的培养，挖掘工匠精神内涵，培养学生严谨负责、精益求精的职业素养。

课程打破传统的人机工程学教学模式，不再把设计局限在纸面上，而是把理论与实践相结合，一方面在理论教学中融入课程思政教育内容，让学生掌握理论知识的同时树立"中国梦"的理想信念，融入爱国主义教育，让学生了解中国灿烂文化，培养民族自豪感；让学生们通过学习建立"专业梦"的人生规划理念，明确作为一名设计师要有设计者的"匠人精神"，同时培养学生"协作梦"的团队精神、严谨敬业工作作风和职业素质；另一方面在实践教学中以团队协作、调研分析、设计创作制作等活动为契机，让学生实际动手以 1∶1 的比例来进行家具设计创作，让学生把课中学习到的有关"人机工程学"的知识可以真正实践、应用到产品设计中，进而让学生更加深刻地明确"人—机—环境"之间的关系。

三、教学目标

1. 知识与技能目标

通过学习了解人的生理和心理需求。在学习人机工程学知识的过程中，使学生的思维和分析方法得到一定的训练，能运用所学方法与技能分析研究解决人—机系统问题；通过课程学习激发学习兴趣，了解人机工程学在室内外环境中的应用，培养学生建立以人为本的思想观念，为未来的学习、工作和生活奠定良好的基础。

2. 思想政治教育目标

锻炼学生设计思考能力，培养学生的综合思维能力；让学生了解中国古代时期灿烂的设计文化，培养民族自豪感；帮助学生建立"专业梦"的人生规划理念，培养严谨敬业的工作作风和职业素质；开拓学生创新思维，发掘学生想象力，拓宽学生视野，使学生形成正确的世界观、人生观和价值观。

四、教学重点难点

教学重点：研究以人为中心的设计研究方法，掌握人机工程学中人—家具—室内外环境的关系。

教学难点：通过对人机工程学的学习掌握人在室内外空间中的尺寸关系，通过练习即掌握人体尺寸、人体活动空间、人的作业区域、人的知觉、感觉与室内环境、人体工程学在室内外空间中的应用、人的行为心理与空间环境的内容等，提高学生的设计能力，为今后的设计做好准备。

五、教学过程

课程教学坚持以"以学生为中心"、根据教学单元内容与目标切实融入思政指标点，在传授专业知识的基础上，坚定文化自信，立足历史文化传统，结合美学、哲学和社会学等其他学科，丰富教学模式和教学内容，从宏观、微观的视觉角度进行教学活动，实施"理论、实践"一体化教学。

学生对课程思政的兴趣来自与价值观引导相关的、与时事政治相关的、与丰富自己知识储备相关的、与性格养成相关的内容等各个方面。因此在理论教学过程中，适当播放与人机工程学相关的视频资料，并引导学生讨论探究，从中发掘价值观，寻求创作规律，学习艺术创作的精神；教学中以针对性问题为线索，提出当前热点问题和难点，结合人机工程学中的人的尺寸、人的感知、人的心理等方面开展主题讨论，教师对学生所呈现的价值观和思维进行引导；同时针对课程设定对课程进行实践和综合实训环节，让学生实地测量在人们的生活中家具尺寸、城市家具等相关设计，让学生设身处地地考虑人机工程学在人们生活中的重要性。

在教学过程中，运用结组分工的模式、讨论式教学的方法，以实践设计案例为契机，指导学生遇到问题可以多方位思考，增强学习的灵活性，增强学生的团队协作精神，培养学生与人共事的处事方法。

课中创建团队，以小组为单位进行课程实践，锻炼学生在活动中的团队协作能力，培养学生"协作梦"的团队精神。调研活动以学生实际生活室内外空间为主，如教室、寝室、图书馆、食堂等活动空间和其中的家具为测量基础，通过数据测量分析和总结，撰写调研报告，进而让学生把亲身感受到的尺寸应用到实际的设计创作中。

在教学设计创作实践过程中，选用瓦楞纸为基础设计材料，引导学生深刻发掘材料特性进行设计创作，设计中力求开拓学生创新思维，发掘学生想象力，拓展学生视野，并倡导绿色与可持续发展、人与自然和谐共处的发展理念。课程从宏观、微观的视觉角度进行教学活动，实施"知识、理论、实践"一体化教学。

充分利用教学资源，开展"引、导、研、析、教、学、做、评"一系列的教学活动展开教学。提前建立教学平台，适当利用"雨课堂"辅助教学，"引"：课前发布资源，吸引学生学习兴趣，为课堂引入教学知识点做铺垫，如播放视频、提出思考题、设计畅想等内容；"导"：导入教学内容，明确课程思想，导出思政教学指标点；"研"：实践调研，通过市场实践调研考察人机工程学的相关知识内容，明确课程学习指标；"析"：分析调研内容，结合课程实际，分析总结；"教学做"：教师教学讲解、课程总结，学生通过调研分析结果进行设计创作，达到理论与实践相结合，提升个人创作水平，达到思政指标点，使学生情感素质升华、精神文化提升、责任感提升；"评"：评价学生的设计创作，把学习的理论真正融入实践中。

六、教学反思

课程要在尊重课程自身建设规律的前提下，在实现课程的知识传授、能力培养、素质提升等目标的基础上，挖掘其价值引领功能。在教授专业知识的同时，要求真实、触动情感并传递价值，不仅要帮助学生"专业成才"，更要促进"精神成人"。

课程将教学评价、学习效果评价从单一的专业维度，向人文素质、职业胜任力、社会责任感等多维度延伸，细化对学生学习效果的测量，除了考评学生对专业知识的掌握外，还要评价学生的自主学习能力、协作能力、创新创业能力等。

课程不足在于，首先是对于课程的评价体系，学生通过学习课程后获得的思政、道德方面取得的成效不会立刻体现，这是一个循序渐进的过程，很难量化。目前虽然做了一些尝试，但还有不足，需要继续在课程的教学实践过程中逐步完善，如何更加合理地评价学生这方面的学习成效还是一个难点。还需要进一步优化课程和课程的评价体系，落实到各个教学环境中。

七、教学成效

艺术类学生有着专业的特殊性，要结合实际，基于艺术的意识形态的创新与思想政治理论课学习相融合，提高艺术类学生的学习主动性，引导学生主动学习思政课并内化为自己的品质，真正做到实现社会主义核心价值观。课程通过设计合适的创作内容，让学生分组创作，并表述设计构思与想法，活跃了课堂气氛，加强组织、协作和演讲能力。

在思想认识上，结合传统及当下的设计案例让学生深有感触，激发了他们的学习内驱力，燃起了以国家发展、社会需要为动力的创作设计热情，使得他们在文化自信、家国情怀、责任意识、理想信念等方面有显著的提升。

在动手设计层面，精益求精，把以人为本的理念深植心中，学生追求标准明显提高。在创作过程中，学生的沟通更加充分、团队协作能力明显增强，创作水平有大幅提升。

设计出一批符合人体工程学的家具作品。

中国古代文学课程思政教学案例

单位：文学院　　作者：李莹

一、基本信息

课程名称：中国古代文学

授课对象：汉语言专业 2020 级 1 班

教学章节：第四章第二节

使用教材：《中国古代文学》（中册）

二、课程思政教学改革整体设计思路

授课内容："民间疾苦，笔底波澜——杜甫律诗的继承与开拓"，主要围绕杜甫律诗的民本思想、创新精神和报国理想开展课程思政和育人实践。

1. 指导思想：顶天立地，言传身教，水乳交融

中国古代文学课程思政改革以家国情怀、文化素养、道德修养、中华优秀传统文化作为课程思政与专业知识的契合点，以校园生活、学习经历和教师自身成长体验作为课程思政育人实践的着力点，实现课程思政落地见效。

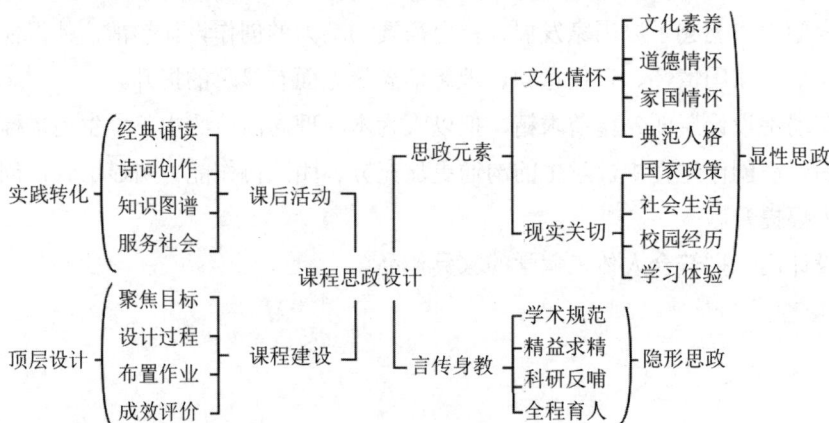

图 1　中国古代文学课程思政融入设计

2. 痛点问题：课程思政融入设计有待优化

《中国古代文学》课程具有天然的思政基因，蕴含丰富的思政元素，但是教学中多停留在中华优秀传统文化层面，缺少理论联系实际，尚未做到脚踏实地。中国古代文学的思政融入缺少情境创设、学生体认和内化评价。

3. 方法途径：绘制思政地图、全过程思政融入、BOPPPS①教学模型运用

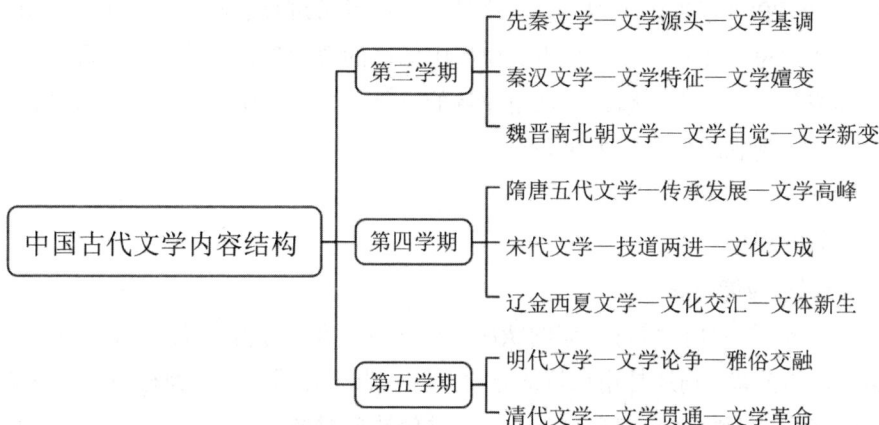

图 2　教学内容结构与思政融入设计

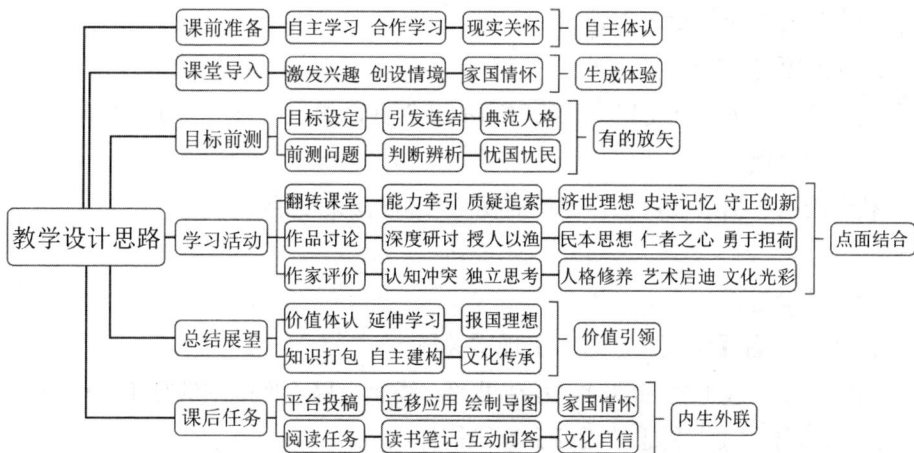

图 3　引入 BOPPPS 模型进行思政设计

---

① BOPPPS 含 Bridge（导言）、Objective（目标）、Pre-assessment（前测）、Participatory learing（参与式学习）、Post-assessment（后测）和 Summary（总结）六个环节。

师生共同绘制课程思政图谱，教师将课程内容和思政元素融入地图。学生根据学习内容绘制杜甫《秋兴八首》思维导图，侧面体现课程思政育人成效。

课程思政设计融入教学大纲、教学设计、教学课件、实践指导、作业和考试测验，结合马克思主义理论研究和建设工程教材和线上精品教学资源，引入信息技术辅助课程思政实践和评价。

通过 BOPPPS 模型的学习活动、小结和总结环节进行思政设计，小结环节融入家国一体的思政元素，强调杜甫的律诗中儒家的政治理想、伦理准则和审美规范。预期成效上，学生能够理解杜甫律诗的继承与开拓，学习古人的家国情怀、创新精神，实现思政内涵的内化和践行。

三、教学目标

1. 知识与技能目标

学生能够描述杜甫律诗创作的状况，分析和评价诗歌中"传承与开拓""苦难与创作"的关系，阐述杜甫律诗的题材开拓和艺术提升，评价题材和艺术特征；说明杜甫律诗的观物视角和章法意脉，总结解决问题的方法。

2. 思想政治教育目标

学生能够评价杜甫律诗创作中的家国情怀、社会责任和创新精神，学习忧国忧民的文学传统和仁爱之心。

3. 教学重点难点

教学重点：揭示杜甫以律诗写时事的开创性，阐述杜诗"写实"传承与"艺术"开拓的表现。

教学难点：描绘杜甫七言律诗的视角，总结章法意脉。

四、教学过程

1. 课前准备【课程思政融入】现实关怀

初识印象：线上资源学习，互动思考。线上投稿"你眼中的杜甫是……"。

2. 课堂导入【课程思政设计】家国情怀

头脑风暴：中国古典文学中的"家国"描写。学生从知识储备中提取相关作品，归纳总结典型意象和技法规律。

3. 前测【课程思政设计】忧国忧民

（1）以"岳阳楼"为主题的对联进行趣味测试，收集学生对于"律诗体裁"

"登临主题"和"忧乐情感"等问题。

（2）给出令你印象深刻的杜甫的诗句。

4．参与式学习：学生探索式学习"杜甫律诗的传承与开拓"

（1）写真传神：杜甫律诗的传承【课程思政】济世理想

杜甫扩大了律诗的表现范围，不仅写应酬、咏怀、羁旅、宴游、山水、登临，而且用律诗写时事。关心民生疾苦、重视写实的创作倾向；对前代文学的清醒认知，整合融通。

（2）融通生新：杜甫律诗的开拓【课程思政】史诗记忆

判断与辨析："杜甫用便于叙事的古体诗记录时事，他的律诗的造诣主要表现为诗境创造和艺术技巧上。"你如何理解？

①题材：扩大了律诗的表现范围，用律诗写时事；题材丰富，记录时代伤痛，书写个人性情。

②形式：擅长以律诗写组诗，抒情与议论结合，表达政治感受和家国情怀。

（3）学生小结【课程思政】守正创新

①认知体验：文学在继承中积累，在演进中深化。诗人是嬗变中的人，不可复制替代。

②情感体验：从朝政国事到百姓生计、从山川云物到草木虫鱼，外部世界与诗人内心世界的融合无间，纳入儒家的政治理想、伦理准则和审美规范的体系之中。

（4）七律第一：杜甫七律《登高》的视角与章法【课程思政】民本思想

①登临题材；②观物视角；③章法意脉；④规律总结（师生）。

（5）联类比较：古典诗词中的思维方式总结【课程思政】仁者之心，勇于担荷

①环境与心境：山水描写中含仁爱、宽厚、坚毅、刚劲的民族性格。

②苦难与创作：司马迁"发愤著书"，杜甫"文章憎命达"，韩愈"不平则鸣"，欧阳修"穷而后工"，赵翼"国家不幸诗家幸，赋到沧桑句便工"。

（6）永恒光彩：杜甫律诗评价【课程思政】人格修养、艺术启迪、文化光彩

①"为人性僻耽佳句"，发挥汉字中的表现功能。

②"老去诗篇浑漫与"，自然天成，浑然一体的诗歌境界。

5．总结展望【课程思政】报国理想，文化传承

承前启后，价值体认：唐诗内容风格的重大转折，对中唐和宋代诗歌发展产生了深刻的影响；杜甫的典范意义；当代中国人的报国之情与报国方式。

6. 课后作业【课程思政】家国情怀，文化自信

以思维导图的形式描绘杜甫七律组诗《秋兴八首》的章法意脉。

7. 板书设计

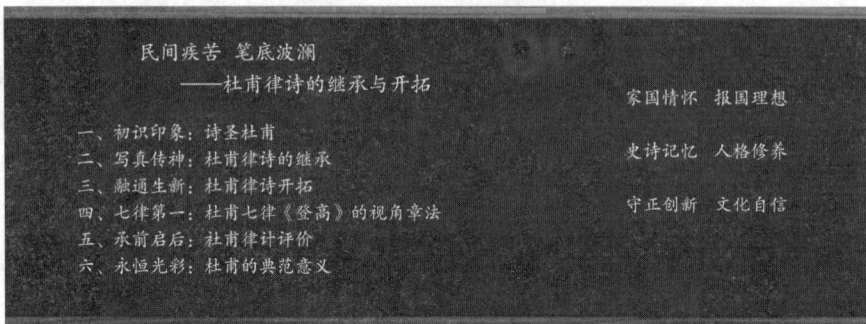

五、教学反思

本次教学活动的内容是"民间疾苦，笔底波澜——杜甫律诗的基础与开拓"，它具有天然的课程思政元素，在教学中具有优势。其一，课程思政设计涵盖了民本思想、现实关怀、家国情怀、创新精神等文化内涵，结合了冬奥健儿和科学家报国理想和报国方式，引导学生体验和生成家国情怀和社会责任。体现了课程思政的顶天立地，润泽心田。其二，课程思政设计与混合式教学模式结合，运用智慧树翻转课拓展学习时空，提升学生的思维品质和学习能力。引入国家精品在线课程资源"中国古典诗词中的品格与修养""唐诗宋词人文解读""中国文化专题"，与课程教学内容彼此呼应，共同完成课程思政引导。利用智慧工具微助教进行线上线下教学的衔接，在发起的答题、讨论和互评中进行课程思政教学，从命题、过程管理到评价反馈都可以进行隐性的设计，实现课程思政的润物无声。

课程思政改革内容需要不断迭代提升，持续优化教学方法，在前测、参与式学习和后测环节中提升思政体验和互动性。需要进一步发挥智慧工具的互动作用，采集教学过程，利用大数据分析学习行为和趋势，实现教学过程一体化和数据透明化，优化考核方式，注重学生学习成效评价，用课程提升能力，传递信念。

六、教学成效

中国古代文学教学效果得到认可，学生整体思维素养、审美趣味、文化传播能力有所提升。班级学生有更多人参与到平台互动区活动中，表达的观点中体现出课程思政的融入效果，对于家国情怀和创新精神的体认有所增加，讨论更加有

效。在动态考核中，互动成绩整体提升，自主性阅读作业完成度有显著提升，对于杜甫和杜诗的理解更为深入，体会到文学与社会，个人与家国之间的密切联系。

学生在作业中绘制《秋兴八首》的思维导图，在认知能力提升的同时，体会到了诗人的家国情怀，在对细致的诗人心脉情思和诗歌章法意脉的分析中实现内化。学生在实践环节完成从"案头"到"实践"的课程思政融入，知行并举；实现从"习技"到"传承"，入古出新。将文学专业鉴赏与文学社团活动、人文素质讲座、朗诵写作比赛等形式相结合，提升学生的文学鉴赏能力及其衍生的相关技能。以具体、可测评、可达到为原则，引导学生设计发展规划和自我检验达成度，把握学生的个性化学习轨迹，进行个体化指导和针对性评价。

在教学改革过程中，师生合作学习，共同提升。主讲教师参与编写国家级教学案例，是黑龙江省课程思政示范课和教学团队成员，获黑龙江省高校微课教学比赛一等奖，校级教学创新大赛一等奖、微课教学比赛一等奖，线上青年教师教学竞赛二等奖，获评校级课程思政建设教学名师、"牡丹江市师德楷模"等荣誉称号，体现了言传身教和持续学习的课程思政效果。

基础日语课程思政教学案例

单位：东方语言学院　作者：董奎玲

一、基本信息

课程名称：基础日语

授课对象：2021 级日语翻译 1 班

教学章节：第 3 单元第 1 课

使用教材：《综合日语》（第二册）

二、课程思政教学改革整体设计思路

1. 讲授内容

本次课程主要讲解日本新年相关的习俗文化。日本新年不仅在时间上、休假长度上与中国新年有所不同，由于文化差异以及独特的饮食寓意，也使得日本在新年习俗以及新年料理上也与中国差别很大，通过知识点学习，掌握日语中与新年习俗相关语言表达形式，同时，通过文章分析使学生理解日本新年中所体现的独特文化。

2. 思政元素

春节是中国民间最隆重、最盛大的传统节日，是集祈福禳灾、欢庆娱乐和饮食为一体的民俗大节，是中华民族的生活文化精粹的集中展示，在传承发展中承载了丰厚的历史文化底蕴。

3. 教学方法及途径

播放"CCTV1 官方春节"宣传片，使学生在观看视频中感受中国年的氛围；通过讲解大扫除、贴春联、放鞭炮、包饺子、压岁钱等传统习俗，引入中国新年中体现的风俗习惯。并在正式讲授本课内容前，提出思考问题，让学生带着思考问题进入学习环节，最后结合思考问题进行总结。

4. 预期成效

让学生熟知春节习俗，了解在其发展过程中承载的丰厚历史底蕴与传统文化，通过学习使学生树立强烈的民族自豪感，增强文化自信心。

三、教学目标

1. 知识与技能目标

通过分析，理解课文内容；掌握文中出现的语法表达：~にとって；掌握日本新年相关表达词汇；通过课文分析，了解日本新年的风俗习惯；熟练运用所学语法"~にとって"造句，表达站在某人的立场对事物进行评价或判断；熟练运用与"日本新年"相关词语表述日本新年的传统习惯。

2. 思想政治教育目标

培养学生懂得探究文化背后的根源，加深对不同文化的理解；通过引入中国新年中体现的风俗习惯融入思政教育，让学生熟知春节习俗，了解传统文化，树立强烈的民族自豪感，增强文化自信心。

四、教学重点难点

第一，日本新年不仅在时间上、休假长度上与中国新年有所不同，由于文化差异以及独特的饮食寓意，使得日本在新年习俗以及新年料理上也与中国差别很大，通过文章分析理解日本新年中所体现的独特文化。

第二，掌握文章中出现的语法表达"~にとって"及与日本新年相关的表达词语，并通过反复的练习来加强学生的记忆。

第三，探究形成日本独特新年习俗的文化根源，并挖掘思政元素，进行思政教育。

五、教学过程

1. 导入环节

教师活动：提出问题，视频导言。

学生活动：学生观看视频并回答教师提出的问题。

设计意图：创设情境，导入新课。

2. 讲授环节

导入新课，讲授本节课内容。在 PPT 中显示日本新年的时间、休假长度以及与中国新年的时间、休假长度进行对比的图片、日本新年传统习俗及独特料理的图片，结合文章段落的内容进行讲解。同时，对段落中出现的语法表达"~にとって"及与新年相关的表达词汇进行讲解。

设计意图：利用多媒体课件直接显示日本新年的时间、休假长度以及与中国新年的时间、休假长度进行对比的图片、日本新年传统习俗及独特料理的图片，让学生直观地看到日本新年有哪些传统习俗及独特料理，并通过深入分析文章段落，使学生了解其背后的文化内涵。同时，掌握语法表达"~にとって"及与新年相关的表达词汇。

3. 讨论及提问环节

针对课前提出的 2 个思考问题，让学生集体讨论并逐一回答。

设计意图：了解学生对文章段落的理解程度，检查学生在分析课文后是否能够总结出日本新年与中国新年的不同习俗，并找到其产生差别的文化根源，及时掌握学生的学习动态。

4. 思政融入环节

将中国新年中体现的风俗习惯融入思政教育。播放"CCTV1 官方春节"宣传片，使学生在观看视频中感受中国年的氛围；通过讲解大扫除、贴春联、放鞭炮、包饺子、压岁钱等传统习俗，引入中国新年中体现的风俗习惯。

设计意图：让学生熟知春节习俗，了解传统文化，树立强烈的民族自豪感，增强文化自信心。

5. 总结环节

总结所学知识点的相关内容。以提问的形式，让学生回忆并回答学到了什么，教师加以补充，并提出交流环节中学生的优缺点。

设计意图：突出学生的课堂主体地位，通过总结知识点，及时发现缺点和不足，进行自我调控。

6. 拓展环节

布置作业：

（1）背诵本课文章主要段落。

（2）课后复习，掌握日本新年的传统习俗及相关表达。

（3）查阅中国春节习俗的来源，了解中国传统文化。

设计意图：进一步巩固学生对日本新年传统习俗的认识，拓展学生对中国春节习俗的认知，掌握两国在新年文化上的区别，探究产生差异背后的文化根源。

六、教学反思

通过本次课程的学习，学生掌握了日本新年习俗及新年料理的相关词语表达，了解了日本新年的传统文化习俗。并通过引入中国新年中体现的风俗习惯，让学生熟知春节习俗，了解传统文化，树立强烈的民族自豪感，增强文化自信心。

1. 存在的问题

（1）思政能力需要持续提高

思政教育理论在持续发展更新，需要持续学习思政教育的新理念、新方法，否则难以将思政教育理论与教学有机结合，做到知行合一。

（2）思政嵌入方式尚需改进

思政教育应起到"润物细无声"的隐性育人作用。教学中，应当巧妙地渗透，潜移默化地影响，避免出现专业教育和思政教育"两张皮"的问题。

2. 进一步改革的措施

（1）提高自身的政治素养

首先要提高自身对思想政治教育的重视程度，全面理解和掌握课程思政改革的目标、途径和专业核心价值体系，通过参加课程思政教师培训，提高自身的思想政治素质、专业水平和教学能力，注重自身问题的总结与反思。

（2）实现专业课程的"隐性思政"

教学中结合专业课程的特点，深入挖掘课程内容蕴含的思政元素，进行扩大性解释。将社会主义核心价值观、道德观、文化思辨能力、文化自信与自觉等与教学内容、教学设计和教学方法有机结合。

七、教学成效

1. 培养学生的文化思辨能力

通过对比中日两国新年习俗的差异，探究风俗习惯背后的文化根源，使学生掌握两国在新年文化上的区别，加深对不同文化的理解，培养学生跨文化交际能力与思辨能力。

2. 增强学生文化自信与自觉

通过引入中国新年中体现的风俗习惯融入思政教育，拓展学生对中国春节习俗的认知，让学生熟知春节习俗，了解传统文化，树立强烈的民族自豪感，增强文化自信心。

3. 对专业知识的促进

通过让学生查阅中国春节习俗的来源,加深对中国传统文化的了解;总结中日两国在传统习俗的相同点与不同点,通过收集中日文相关文献资料锻炼了学生文献资料收集与梳理能力,帮助学生了解新年的传统习俗、饮食寓意等,为进一步掌握日语相关表达打下良好基础,同时提高学生分析问题、解决问题的能力。

大学英语读写（3）课程思政教学案例

单位：西方语言学院　作者：陈雪松

一、基本信息

课程名称：大学英语读写（3）

授课对象：2019 级非英语师范学生

教学章节：第三单元（Unit 3）

使用教材：《新视野大学英语读写教程》（第三册）

二、课程思政教学改革整体设计思路

1. 指导思想

本单元的思政主题是树立正确的价值观，培养社会责任感和奉献精神。本篇文章再现奥黛丽·赫本传奇而曲折的一生：苦难的童年、成功的演艺经历、积极投身慈善事业。通过对本单元的学习，能够让学生学习奥黛丽·赫本的社会责任感和奉献精神，用积极的热情投入到伟大的中国梦的实现中。

2. 要解决的问题

（1）如何调节心态，树立良好的价值观，培养家国情怀及人类情怀；

（2）如何运用所学词汇和句式阐述怎样积极地培养社会责任感和奉献精神；

（3）如何提高思辨能力，进行正确的人生规划。

3. 教学方法及途径

（1）设计教学任务。基于云平台的大学英语课程思政教学模式构建过程，教师为学生罗列出明确的学习任务单，并且通过 U 校园平台为学生进行任务分解。

（2）制作教学视频。教师在课堂教学前，将制作好的教学视频发布到学生小组群中，引导学生进行课前自主学习。并且在教学过程中，将有效的思政教学视频作为辅助工具，在其中融入一些文化背景，学生通过自主学习能够掌握一些人文知识。

（3）线上实时反馈。教师根据教学内容适当添加测试，将测试内容穿插到视频学习中，充分激发学生的思考。

4. 预期的成效

通过本篇课文的思政学习，学生能够运用所学的新词汇和句式来阐述如何积极面对人生中的重要抉择，树立正确的人生观和价值观，并以作文的形式分享自己的观点，完成单元的任务，将本单元所传递的积极内涵与思辨观点融入自己的语言使用中。

三、教学目标

1. 知识目标

（1）能够用新的词汇、语句结构讨论价值观及社会责任感；

（2）区分主题句、支持信息、作者意图，掌握适当猜词策略。

2. 技能目标

能够按时间顺序进行英文写作。

3. 思想政治教育目标

（1）能够调节心态，树立良好的价值观，培养家国情怀及人类情怀；

（2）能够运用所学词汇和句式阐述如何积极地培养社会责任感和奉献精神；

（3）能够提高思辨能力，进行正确的人生规划。

四、教学重点难点

教学重点：文章内容的理解和思政元素的挖掘。

教学难点：思政案例的编制，理解当代大学生的社会责任感和奉献精神。

五、教学过程

对本单元教学过程进行整体教学过程和思政教学过程两个方面的阐述。

1. 整体教学过程

时间	教学目标	学习任务
第一周	课文的语言点	课文的基础理解：结合 U 校园预习单词；学习 U 校园的课程思政微课，准备思考题；线上讨论发帖：对微课中奥黛丽·赫本的一生，你有什么评价？

时间	教学目标	学习任务
第二周	文化对比	U 校园完成随堂单词小测试； 梳理文章脉络，检查学生理解情况； 小组提示：哪位中国名人的善举和奉献能与奥黛丽·赫本相提并论？
第三周	思政升华	U 校园学习写作技能 用所学技能写作：A most influential movie director or movie maker 看视频：思考中国文化的传播内容与途径，以小组为单位发表评论。

2. 思政教学过程

（1）背景知识

纪录片通过大量珍贵的影像资料，再现赫本传奇而曲折的一生：苦难的童年、成功的演艺经历、积极投身慈善事业。教师可安排学生课前观看视频，学习奥黛丽·赫本的社会责任感和奉献精神，帮助学生更好地理解课文内容。

（2）课文导入

双语视频。奥黛丽·赫本：什么是真正的优雅？

在 7 分钟的采访中，奥黛丽·赫本谈及作为联合国儿童基金会亲善大使，前往埃塞俄比亚帮助战乱中饱受贫穷与饥饿折磨的儿童的经历与感受，可作为 Text A 课文导入材料，使学生更好地理解赫本心怀感恩、温暖善良、乐于奉献的美好品质。

（3）课文补充资源

英语文章"38 beautiful Audrey Hepburn quotes to fuel your soul"

38 条奥黛丽·赫本的名言，有助于学生进一步了解其优雅、美丽、善良、勇敢的美好品质和积极的生活态度。

（4）Critical thinking

TED 视频"Why giving away our wealth has been the most satisfying thing we've"done?"

自 1993 年起，比尔·盖茨夫妇开始陆续将微软公司的营业收入通过盖茨基金会的慈善事业回馈给社会。视频中，盖茨夫妇表示慈善是他们做过的最满足的事情，并分享了他们投身慈善事业的初衷和感受。教师可安排学生观看视频，就 Text A 文后 Critical thinking 环节中的问题 2"How will you spend your money if you become rich?"（教材 P70）展开讨论。

（5）主题拓展资源

Text A 以联合国儿童基金会亲善大使奥黛丽·赫本为例，指出人们在实现梦想的过程中或有所成就之后，也应积极发挥个人力量和社会影响力，向困境中的人施以援手，勇于承担更多社会责任。观看以下两段演讲，可加深学生对课文主题的理解，强化社会责任意识。

①双语视频。大卫·贝克汉姆联合国演讲：守护儿童梦想，促进儿童权利！

演讲中，大卫·贝克汉姆回顾了过去 15 年间作为联合国儿童基金会亲善大使的所见所闻所感，呼吁各方积极采取行动，点亮儿童未来，守护儿童的权利与梦想，给予落后国家和地区的儿童更多爱与帮助。

②双语视频。艾玛·沃特森联合国演讲：希望性别平等不只是空谈。

视频中，艾玛·沃特森作为联合国妇女亲善大使发表了一场探讨性别平等和女权主义的演讲，呼吁男性加入"He For She"运动，与广大女性一起，共同促进性别平等。

六、教学反思

随着经济的全球化与"一带一路"的发展，国家和社会对英语人才的需求日益扩大。大学英语要求学生不仅要掌握听说读写译等基本技能，更要熟练运用语言，成为具有跨文化交际能力的综合性人才。大学英语课程的教学改革，更要从思政的内容着手，挖掘英语课程中的思政内涵，深化英语课程的思政教学改革，在立足语言教学的基础上，进行思想文化教育，使学生在语言文化的学习过程中，加深理解和认同我国文化，实现其能力培养与品格塑造。因此，可以从如下两方面加强课堂思政效果：

第一，开拓大学生的视野，内化其理想信念。国际视野对外语学习具有重要意义。英语学习不能拘泥于课本上的单词语法，而应拓展学生的国际视野，以一种更开阔的思维去看待西方的文化现象与相关问题。大学英语不仅要培养学生的爱国主义情怀，还要将学生面向世界、面向未来的信念内化为其自身的理想信念。

第二，在教学改革实践中，可以将国际新闻作为课堂讨论的素材，在对新闻事件的解析中培养学生的国际视野。例如，学生可以通过 *BBC*、*VOA*、*CNN*、

Chinadaily 等多种媒体获取相关的资讯，选取感兴趣的新闻进行剖析，教师通过随机等方式进行提问，就某个内容组织展开英语讨论，最后进行总结和点评。这样可以逐渐开拓学生的国际视野，培养其唯物辩证地看待世界，从而内化为其一种科学辩证的理想信念，不断提升其思想道德修养与思想境界。

七、教学成效

1. 将社会主义核心价值观这一系统性的政治观念本身作为研究参考对象

本课程所选用教材的文章均为国外原版语料，授课过程中结合本国国情适当地增加与文章主题相关的中国语料，通过中西语料的对比，提升了学生的文化自信，增强了学生的爱国情感，实现课程思政的育人目标。

2. 将科研、教学与课程思政紧密地结合在一起

本课程案例是根据授课人承担的校级思政课题和已出版的著作设计完成的，是将科研成果直接反哺于课堂教学的突出体现。

3. 将课堂教学、批判思考和社会服务结合起来

在本次课堂设计中，会有批判性问题的设计，让学生思考如何提高社会主义核心价值观的传播效果。本课程坚持"以学生为中心、以产出为导向、以交际互动为原则"，课堂教学中融入课程思政与最新时事新闻，运用讲授法、任务型教学法、讨论法、互动式教学等多种方法，通过教师讲授、小组任务、合作讨论、问题互动等方式，实现语言和思想的输入与输出，促进学生知识的吸收和转化。

宪法学课程思政教学案例

单位：法学院　作者：褚清清

一、基本信息

课程名称：宪法学

授课对象：知识产权法专业大一学生

教学章节：第十五章第一节

使用教材：《宪法学》

二、课程思政教学改革整体设计思路

本节课秉承将宪法中的抽象权利内容与现实人格权保障相结合的教育理念，在分析宪法中人格权的内容的基础之上，在人格权理论与权利实现保障实际相结合的过程中，运用讲授法、情境法和案例分析法，选取真实的实践情境，调动学生通过对抗疫实例情形展开反思引起情感共鸣，同时，将西方抗疫的现状与我国抗疫成就相比较，明确我国人权制度的优越性。

引入习近平总书记关于宪法权威性等相关讲话，进一步引导学生认识到只要切实尊重和有效实施宪法，人民当家做主就有保证，党和国家事业就能顺利发展。最后继续启发学生对未来职业选择的思考，让学生认识到绝大多数人将成为公权力的代表，希望能够时刻谨记，宪法中人格权的实现是我国社会主义民主的基础，是人民当家做主的核心，是支撑党和国家发展的原动力。因此，号召学生起立和老师一起面对宪法进行宣誓。借此调动起学生的职业使命感，将宪法的权威性、政治认同感、制度自信在学生们的心中树立起来。

三、教学目标

1. 知识与技能目标

掌握我国宪法人格权的内容、实现人格权的途径。

2. 思想政治教育目标：

强化政治认同、树立宪法权威、掌握我国人权理论和制度的优越性、调动学生的职业使命感。

四、教学重点和难点

重点在于如何将抽象的人格权认知转化为人格权现实保障的切身领悟。

难点在于如何选取合适的资料进行情景构建，完成课程思政的融入。

五、教学过程

1. 导入新课

回顾上节课中的政治权利与自由，引导学生思考公民作为政治人的属性和公民作为"人"的属性应当享有权利的区别，进而进一步考虑什么权利是生而为人所应当享有的权利呢？

2. 内容讲解

首先，引导学生讨论，总结人格权的内容。通过宪法条文内容，梳理我国的宪法对于人格权的规定采用了两种方式。

其次，引导学生思考，宪法中的人格权在现实中如何能够实现？帮助学生讨论，总结人格权的实现方式。让学生寻找身边的例子说明公权力直接行使保障公民人格权实现的情形。从现在的新冠疫情防控入手，启发同学们列举作为公权力的代表，我们党和政府的具体举措。

再次，分别从生命健康权、公众知情权、公民的基本生活保障权这三个方面，通过图片、影响较大的实例引导学生认识到、切实感受到、深刻理解到党和国家为保障人格权的辛苦付出和艰苦卓绝的努力。

最后，将中国的抗疫实际成果与以美国为代表的西方国家进行比较，用具体的数据说明我国社会主义制度的优越性，增强学生对祖国、民族、中国文化和中国特色社会主义道路形成深刻的认知与认同。

3. 总结拓展

从习总书记的讲话入手，引领学生认识到只要切实尊重和有效实施宪法，人民当家做主就有保证，党和国家事业就能顺利发展。宪法在现实中得到尊重和实施，才能让宪法的权利内容在现实中得以实现。最后继续启发学生对未来职业选择的思考，让学生认识到绝大多数人将成为公权力的代表，希望能够时刻谨记，宪法中人格权的实现是我国社会主义民主的基础，是人民当家做主的核心，是支撑党和国家发展的原动力。因此，号召学生起立和老师一起面对宪法进行宣誓。借此调动起学生的职业使命感，将宪法的权威性、政治认同感、制度自信在学生们的心中树立起来。

六、教学反思

本次课程的优点在于情景材料的选择是学生切实感受的实例，能够很容易与学生产生情感共鸣，方便课程思政元素的顺利引入；缺点在于学生在讨论过程中容易出现过于兴奋偏离主题的情形。所以，在今后的教学中，需要教师提前做好预案，把控好课堂节奏，在激发学生主动性的基础之上，完成知识的掌握与课程思政目标的实现。

七、教学成效

通过《民法典》的颁布，党和政府在抗疫中的实际举措，让学生们寻找宪法与生活的距离，由此启发学生产生完善宪法实施制度的使命感，明确只有在坚持中国共产党带头遵守和执行宪法的前提下，我国宪法才能够真正得以贯彻落实。最后设置模拟宪法宣誓仪式环节，带领学生面对宪法进行宣誓，将学生对宪法权威性认知进一步加深，强化内心的认同和良心上的约束，提高学生的政治认同。

同时通过与国外抗疫实情的比较，明确我国宪法对比资本主义宪法本质上的超越性、社会主义民主制度的巨大生命力和中国共产党代表中国最广大人民利益的根本属性。由此，可以完成宪法的基本理论、宪法规范内容、宪法实施制度的介绍与宪法的权威性的树立、社会主义宪法的先进性揭示、党的核心领导作用展现的深度融合。

美术课程思政教学案例

单位：教育科学学院　作者：王丽丽

一、基本信息

课程名称：美术

授课对象：学前教育专业学生

教学章节：第八章第一节

使用教材：《学前美术基础与创作》

二、课程思政教学改革整体设计思路

2020 年 5 月，教育部印发了《高等学校课程思政建设指导纲要》，要求全国所有高校、所有学科专业全面推进课程思政建设。突出专业思政，强化课程育人。学前教育专业美术课程也要发挥育人的作用。美术课程理论知识教学少，主要以实践教学为主，考查学生的动手实践能力和创新能力，如何在实践教学中融入思政元素，是授课教师必须要面对和解决的问题，通过对教材和教学内容的认真梳理，对课程思政内涵深入解读，结合教学实际情况和学生的实际情况，制定了合理、细致的教学计划。通过讲授法、示范法、练习法、启发式教学法将课程思政元素融入美术教学中，运用讲授法向学生讲红色经典儿童故事，教师和学生一起唱红色儿歌，运用启发式教学法引导学生学唱红色儿歌，理解儿童故事的深刻内涵，通过练习法为红色儿歌、儿童故事进行插图创编，通过示范法由教师进行示范指导，在讲述和创作过程中融入思政元素，充分凸显了学前美术独特的育人作用。进而有效地实现了全员、全方位的育人教育目标，达到了预期完成的育人效果。

三、教学目标

1. 知识与技能目标

掌握简笔画的绘画技能技巧，以及插图创编方法步骤，能够独立完成一幅插图创编。通过创编进一步提高学生的构图设计能力，形象表现能力，色彩运用能力及多种形式、多种材料、多种技法创新的能力，培养学生创造性思维，以及自主学习的能力。

2. 思想政治教育目标

培养学生以审美之心来感受生活。认识美、感受美、欣赏美和创造美的能力，从而使学生具有美的情操、美的品格和美的素养。

四、教学重点和难点

插图创编的方法步骤；构图、造型、色彩的综合运用与表现能力。

五、教学过程

1. 导入新课

通过复习旧课导入新课。

（设计意图：通过复习旧课，可以让同学通过思考、回忆一下以前学过的知识，新课内容是在前面学习的简笔画有一定的基础才能学习。）

2. 构思与形象设计

以儿歌《荷花香》和《小浪花》为例，对这两幅插图进行讲解分析，给儿歌配插图时如何进行构思和形象设计。

（设计意图：简笔画创编不仅要学习怎样进行构思构图，还要学会巧妙地运用简笔画的表现方法进行形象改编，灵活运用绘画资料，创编插图。没有构思就不可能进行创编，绘画创作离不开形象，强调构思与形象设计相互联系。）

3. 构图设计

创编的插图看着美观、合理，这就是涉及了构图。构图在前面已经讲过，但在这里要讲一下构图注意的事项。以"小猫钓鱼"这个故事的范画为例，让学生边观察边分析这幅创编作品。说出小猫是主体物，应该放在画面视觉中心的位置上，使主体更加突出，然后改编小猫的形象，画素描稿，最后，确定色彩的主调，形成既鲜明又协调且富有变化的色彩关系。为了进一步理解掌握构图注意的问题，在对三幅儿童故事进行分析。

（设计意图：通过对儿童故事插图进行分析，让学生重点掌握在插图创编中注意画面中近景、中景、远景的安排。）

4. 色彩的运用

在进行主观色彩的设计中，一定要根据画面情节、画面中的形象进行相互衬托的色彩处理，做到色彩搭配合理，色调鲜明。

（设计意图：色彩是简笔画插图创编的重要组成要素。在给插图填色时，要注意固有色彩和主观色彩的运用，使所表现的画面色彩更符合幼儿的审美需求。）

5. 方法、步骤

以儿童故事为例进行插图创编方法、步骤分析讲解，掌握设计原则、造型方法、构图特点等，进行大胆创作。

（设计意图：掌握插图创编方法，能够实际应用到今后的幼儿教学活动中。）

6. 总结、作业、实践练习

师生一起回顾一下本节课学习的内容，根据学习的内容，以儿歌《红星闪闪》为主题进行简笔画插图创编。由于时间的关系，作为课后作业，下节课将进行创作作品展示、评价。

（设计意图：通过给红色经典儿歌创编插图，进一步加深课程思政的渗透。）

六、教学反思

本次授课的内容是简笔画插图创编，既是对此前学习的知识和技能的应用，也是对学生技能水平的检验。让学生结合所学习的简笔画知识和技能的综合运用。优点是通过本课学习，学生掌握了如何创作简笔画创编方法步骤、构图设计、形象表现、色彩运用等。同时也能在实践教学环节融入思政元素。缺点是理论知识能够理解掌握得很好，但在动手实践能力和创造精神方面比较缺乏，简笔画创编离不开一个"创"字，但在进行实践教学创作时，会有一部分基础薄弱的学生感觉很吃力，很难完成作品，即使完成作品效果也不理想。主要存在以下问题：一是学生零美术基础，入大学前没有系统、专业的美术知识学习，二是学前教育专业美术教学时间短、学生实践练习时间少，对于动手实践能力差的学生学习起来会有难度。三是要挖掘多种渠道、多种方法把育人元素与育人内容更好地融入课程教学中去。针对教学中出现的问题。首先，要从基础知识抓起。简笔画是一个由易到难、由简单到复杂的学习过程，基础知识不扎实直接影响插图创编，适当增加实践教学科室，加强基本技能训练。其次，根据学生的实际情况，激发学生学习兴趣，改变学生主观学习意识，主动学习。最后，改进教学方式，运用灵活多样的教学方式，多启发、多引导、多鼓励、多探究以及育人内容的融入，做到知识性与价值性的和谐统一。

七、教学成效

本次教学活动基本完成预期的教学任务，取得了比较好的效果。

1. 教学目标

实现了知识目标和技能目标达成，同时也潜移默化地渗透思政教育目标。教学过程中，学生都能够很好地掌握理论知识和基本技能。大部分同学都能够创作作品。

2. 教学效果

在教学过程中，学生都能够积极主动地参与其中，大部分的学生掌握了有效的学习方法，获得了知识。在实践教学环节中，学生在教师的指导下，提升了专业技能，培养了创新能力和审美能力。

3. 课堂实践训练设计

在实践实训内容的选择上，既要符合学前教育专业的特点，又要发挥育人的作用，主要选择一些红色经典儿歌、有教育意义的儿童故事进行插图创编，创作的过程中，学生既应用了学习的专业基本技能，又能体验儿歌和故事的内容所带来的情感共鸣，很好地达到了思政教育的渗透，使教学任务取得预期的效果。

教师语言艺术课程思政教学案例

单位：历史与文化学院　作者：臧国铭

一、基本信息

课程名称：教师语言艺术

授课对象：全校教师

教学章节：第八节

使用教材：《妙语人生——教师口语与普通话训练》

二、课程思政教学改革整体设计思路

1. 情境创设，目标导向

以培养学生口语表达（特别是教师口语表达）能力为目标，通过教学"对话场"营造课堂"能量场"，通过情境创设进行技能训练，实现知识传授与技能训练相统一。通过完成专题内的小目标，最终实现课程整体目标。

2. 创新课堂，"教学生学"

颠覆传统课堂教学流程，从以"教"为中心转为以"学"为中心，线上线下教学相结合，利用信息化手段创新教学方法，结合慕课资源、雨课堂、云班课、微信等多种信息化手段，与学生实时互动，及时解决学生在学习和生活中遇到的口语表达问题，实现混合式教学，帮助学生学会学习，学会将知识积累外化为能力呈现，使之真正受益于课程。

3. 思想引领，点化心灵

对应于基础教育的语文课选文，将教师语言专业知识与课程思政元素挖掘融合起来，使学生树立正确的世界观、人生观和价值观，进而达到以文化人、立德树人之目的，助力学生成为"四有好老师"。

4. 教学内容重构，教学模式创新

课程注重思政精品的选择与解读，将作品解读与朗诵技能训练相结合，实现线上线下混合融通，课前绘制思维导图，课中创设思政情境、解决问题，课后丰富多种技能培育模式，巩固提高，有效延伸课堂，实现课程的创新性、高阶性与挑战度。

三、教学目标

知识目标：掌握基本理论，运用基本技法；实现知行并举，完成语言实践。

能力目标：有效解读文本，设计技术路线；实现声情并茂，提高朗诵能力。

素质目标：体现家国情怀，提升表达能力；实现外形内化，提升从师素质。

四、教学重点难点

教学重点：朗诵的气息与共鸣处理。

教学难点：情感的自然流露。

五、教学过程

案例简介

第八节未成曲调先有情——朗诵

课程名称：教师语言艺术	时间：第八周；地点：E607；教师：李华
教学目标： 知识目标：掌握基本理论，运用基本技法；实现知行并举，完成语言实践。 能力目标：有效解读文本，设计技术路线；实现声情并茂，提高朗诵能力。 素质目标：体现家国情怀，提升表达能力；实现外形内化，提升从师素质。	

前测：
  1.点评《祖国啊，我亲爱的祖国》思维导图设计情况；
  2.点评《祖国啊，我亲爱的祖国》个人及小组朗诵情况。
	目的：
	1.通过实践演练深化理解相关技能，掌握应用之法，助力习惯养成；
	2.综合运用朗诵技巧，表演具有强烈情感的作品。

情境创设： 以朱自清散文《春》为例，运用重音、停练、语速、语气和语调等技巧进行综合训练，体会文本意境和情感表现。	

续表

时间	教师活动	学生活动	教学资源	课程思政
10 分钟	点评思维导图； 展示设计思路； 明确技法情感。	聆听、交流。	PPT 教学课件，展示优秀思维导图。	家国情怀
15 分钟	播放作业音频； 探讨出现问题； 体验语气语调。	在实践中把握规律，发现问题。	播放学生朗诵示例。	自信表达 团队协作
10 分钟	前测：语气语调实践。	实践与反思。	展示教学示范。	实践研磨
30 分钟	课中训练： 创设情境，以朱自清的《春》为朗诵文本，引导学生学会朗诵。	实践、辨析、反思、优化。	展示教学示范。	语言匠心 审美体味
20 分钟	后测：艾青《我爱这土地》朗诵。	根据素材进行相应练习纠错和总结。	展示朗诵示范样本。	热爱祖国
5 分钟	总结：评议学生课堂表现，强调学习语气和语调的重点。 作业： 1. 朗诵艾青的《我爱这土地》，在翻转课堂提交思维导图和朗诵音频。 2. 以《……，我想对你说》为题，写一篇 1500 字左右的演讲稿，上传至翻转课堂。	详细制定朗诵的练习规划，提交朗诵音频，建档留存，复习前面学习内容。	—	语言匠心 反躬自省

课后反思，分析、评价各自表现、小组表现；

课后与学生及时沟通，了解学生课程学习状态，梳理、归纳共性问题；

汇总过程材料，掌握归档原则；

根据古代诗文和现当代文学作品进行朗诵训练。

总结：

教师需加强对各组准备过程的指导、督促；提升学生的团队合作意识与能力，引导学生强化交谈、沟通、协作等技能。

加强对学生归档材料的指导，利用平台提供范例，多做过程性指导，为后续活动的材料归纳打下基础。

六、案例应用、推广情况及校内外评价

本课程依托省教改项目"MOOC 背景下的高校人才培养模式创新研究",利用省精品在线开放课程"妙语人生"资源,采用线上线下混合式教学,通过"翻转课堂实践、跨校修读学分实践、跨校教师共同体实践"等方式,实现了与区域高校联盟 7 所高校跨校修读学分互认,呈现"目标多元化、内容立体化、形式现代化、考核全程化"的发展方向。

教学督导、同行评价均为优秀;学生反馈课程学习获得感强,对课程的满意度高。

通过课程学习,学生不仅提升了朗诵水平,还提高了语言运用和表达能力,很多学生在公益课堂、大学生暑期"三下乡"活动及顶岗支教工作中,展示了良好的教学语言组织和表达能力。

七、案例特色、创新情况

1. 情境创设,目标导向

以培养学生口语表达(特别是教师口语表达)能力为目标,通过情境创设进行技能训练,在实训课环节把基础教育优秀教师、优秀班主任和相关领域名家请进课堂,分享经验,示范引领,实现知识传授与技能训练相统一。通过完成专题内的小目标,最终实现课程整体目标。

2. 创新课堂,"教学生学"

颠覆传统课堂教学流程,从以"教"为中心转为以"学"为中心,线上线下教学相结合,利用信息化手段创新教学方法,结合慕课资源、雨课堂、云班课、微信等多种信息化手段,与学生实时互动,及时解决学生在学习和生活中遇到的口语表达问题,实现混合式教学、跨校修读学分互认,帮助学生学会学习,学会将知识积累外化为能力呈现,使之真正受益于课程。

3. 思想引领,点化心灵

对应于基础教育的语文课选文,将教师语言专业知识与课程思政元素挖掘融合起来,使学生树立正确的世界观、人生观和价值观,进而达到以文化人、立德树人之目的,助力学生成为"四有好老师"。

书法与篆刻课程思政教学案例

单位：美术与设计学院　作者：刘爽

一、基本信息

课程名称：书法与篆刻

授课对象：大学一年级的学生

教学章节：第 1—4 章

使用教材：《九成宫醴泉铭》

二、课程思政教学改革整体设计思路

1. 课程的指导思想

书法与篆刻属于美术学学科专业核心课程。通过本课程的学习，提升书写技能、了解篆刻技艺，为其他书体及中国画课程的学习打好坚实的笔墨基础。

本课程将理论与实践相结合，在教学与创作中融入德育、美育、传统文化教育等思政元素，使学生在掌握专业知识与技能的同时，提高艺术审美素养，培养思考与实践能力，拥有正确的艺术观和创作观。

2. 课程与教学改革要解决的重点问题

（1）解决"教学方法单一化"的问题；

（2）专业课程中融入思政元素如何更为契合，思政资源如何更加丰富，真正起到立德树人的作用；

（3）解决由"输入"转化为"输出"的问题，即如何从临摹转化为创作，提升学生独立实践的能力。

3. 教学方法及途径

采用翻转课堂模式进行教学设计。

（1）课前布置与中国书法史相关的慕课资源，在云班课资源中上传与本帖内容相关的地理、人文等视频背景资料，供学生提前预习，拓展知识面。

（2）按照 O-PIRTAS 翻转课堂模式设计教学内容，通过合理设置目标、准备、教学视频、回顾、测试、活动和总结七个步骤开展教学。学生通过录播视频进行知识的早期习得，线下课程中进行重难点的讲解，解决临摹与创作中出现的问题。教师评价与学生互评相结合，然后反复进行临写、对照、再临写，以此提升学生认知与学习质量。针对学生们在书写中反复出现的问题，集中讲解，展开分析与讨论。

（3）课后以展促学，调动学生学习的积极性。通过寻找思政题材、设计形式、书写小样、筹备作品整个过程，使学生的独立思考能力、动手实践能力得到提升。

4. 预期的成效

专业课程融入思政元素，达到润物细无声的效果；学生的人文艺术素养得到提升；学生的审美、鉴赏、实践能力提高。

三、教学目标

1. 知识与技能目标

（1）了解欧阳询《九成宫醴泉铭》的结构特点，掌握楷书的基本技法。

（2）掌握用笔方法与结构组合规律，应用到碑帖临摹中，能够达到基本的临摹水准。

2. 思想政治教育目标

传承中国优秀传统文化，提升学生的人文艺术素养，增强文化自信，增进民族文化认同感，具有正确的艺术观和创作观。

四、教学重点和难点

教学重点：掌握楷书技法与结字规律，提高观察、分析能力。

教学难点：运用结字规律驾驭多样的复杂结构。

五、教学过程

第一周：楷书发展与《九成宫醴泉铭》解读。

（1）教师运用讲授法、演示法，通过多媒体的方式讲授楷书简史，并对楷书代表做介绍，介绍《九成宫醴泉铭》产生的背景，总结《九成宫醴泉铭》的整体书风面貌。通过图片、提问等方式引导学生认识楷书的书体特征，分析解读卫夫人《笔阵图》中对每种笔画的描述，并从自然景物中找寻相应的图例。思政元素：

通过书法去了解中国人对客观世界的认识、看法及审美观点、审美感情，启发对书法文化的认知。

（2）教师示范楷书的基本笔法，使学生了解并掌握横、竖、撇、捺、钩、提、折、点的基本写法。此外，结合蓝墨云班课线上教学工具，上传示范视频以及相关的书法史方面的教学视频，丰富课程资源，使学生可以反复观看，巩固学习。课上实践环节，学生练习课堂所学，教师进行一对一指导。

（3）本周设置一个讨论主题，如"唐代诸位书法家的楷书笔法特点及其异同"。该讨论主题的目的在于引导学生独立观察、思考、分析、总结，通过比较的方法去认知中国书法中的创新。学生提前查阅资料，经过课上讨论之后，学生将自己的观点与认识，上传至云班课线上教学中的头脑风暴，教师汇总，考查每个学生对该主题的认知情况。

第二周：楷书结构对比研究。

（1）引入新课：教师运用讲授法、演示法，利用多媒体播放幻灯片，与同学们一起分析同一个字在不同碑帖中的写法，探讨其书写特征，从而加深学生对《九成宫醴泉铭》的认识。

（2）观看多媒体中播放的例字图片，着重分析独体字、上下结构、左右结构、包围结构、上中下结构、左中右结构的几个例字。在例字讲解中，对汉字的本义溯源，引导学生领悟文字的内涵，真正做到知其然，知其所以然。

（3）书写实践环节，教师示范，从执笔到运笔方法再到临习重点例字，进行书写的实际训练。思政元素：训练的过程磨炼意志，培养优良品格。

（4）课堂总结，经过两周的学习，从基本笔画到多种结构例字的临习，学生们已经对楷书的书体特点有了深入的了解，对楷书的技法有了较好的掌握，最后一周我们将进入章法的训练。

第三周：《九成宫醴泉铭》碑帖临摹与集字创作。

（1）教师运用讲授法、演示法，示范一张临摹作品，讲解章法要求。在示范过程中，展开对书法中存在的对比关系的分析，如虚实、动静、曲直、俯仰……正是有了这些对比变化，使得每个字都是鲜活的个体，生动多姿，而这些对比关系处理得当，才使得整幅作品和谐统一。引出唐代孙过庭的一句话"违而不犯，和而不同"，指的是文字形体之间有异却不互相干扰，即变化之中照顾到整体；字与字协调却不趋同，即统一之中寻求变化。这种审美标准与儒家的"中庸"思想是分不开的。

思政元素：儒家的"中庸"思想在为人处事方面给人以启示，书法则借助文字展现了人与人之间的相处之道，在追求个性的同时不能扰乱集体的秩序，在维护集体统一的前提下又有自我的风格。

（2）学生临习，教师一对一指导，并对作业进行审阅。

（3）集字创作分两个部分，一是春联，二是展览作品。学生经过一学期的书法学习，在临近结课时，结合自己所学，书写"福"字和春联，既贴近生活，又富有仪式感，达到了学以致用的目的，而且还对民俗文化有所认知。书写不同形式的作品时，学生独自进行章法设计，培养创新意识。

第四周：篆刻赏析与刀法训练。

（1）运用图例使学生对篆刻史有一个初步的认知。

（2）在学习基本刀法的过程中，磨砺心志，培养吃苦耐劳的品格。

六、教学反思

书法与篆刻课程秉承"入古出新，浸润无声"的理念。在讲解文字结构时，对典型例字的本义溯源，如"德"字，根据甲骨文的写法，引出其意在强调"获之坦荡，问心无愧"，领会先哲的慧思。从智育、美育、德育、传统文化教育等方面着眼，深入挖掘其中的契合点。在授课过程中逐步渗透，欣赏历代流传的碑帖经典，提高审美素养；融入与书法息息相关的中国文化，丰富学识、增加涵养；借助古代传统的教育内容浸润内心、提升人格修养；讲述历代书法家的创新历程，以此激发学生的创新意识。

进一步改进措施：

（1）观摩课程思政示范课程，持续学习，汲取优长；

（2）设置合理的线上教学成绩考核方式，进一步提升学生的学习质量；

（3）利用信息技术，实现教育教学的深度融合，深入了解信息技术在教育教学方面的应用，为今后开展课程建设和教学改革积累经验；

（4）积极申报书法与篆刻的线上课程建设，使本门课程的线上、线下教学内容有机结合。

七、教学成效

在授课过程中"融入、嵌入、渗入"思政教育，浸润而无声。通过书写活动中的观察、记忆、实践，启迪学生智慧；在欣赏历代碑帖经典的过程中提高审美素养；借助古代传统的教育内容浸润内心、提升人格修养；运用与书法、篆刻息息相关的中国文化，丰富学生学识、增加内在涵养。在重视学生书写技能提升的同时，关注品德与人文修养，充分发挥书法、篆刻课程的思政育人功能。2021 年 4 月带领学生筹备"与古为徒·向心而行"书法国画篆刻作品展。

证券投资课程思政教学案例

单位：经济与管理学院　作者：胡博

一、基本信息

课程名称：证券投资

授课对象：经济学、国际经济与贸易专业的本科生

教学章节：主题四证券投资基本分析——行业分析

使用教材：《证券投资学》（第四版）

二、课程思政教学改革整体设计思路

（一）基本思路

中华民族伟大复兴、中国经济高质量发展是"看多中国，做多中国"的底层逻辑；识别高速发展产业，搭乘中国经济发展顺风车既需要眼光，更需要坚定的信念。

项目一：投资中国的产业逻辑。我国可持续消费能力不断增长：中国工业的增加值在 2011 年以 3.5 万亿美元超过美国的 3.1 万亿美元，成为全球最大的工业制造业国家。大消费行业中的食品饮料子行业，是庞大的消费群体食品，作为一个产业，规模够大，叠加科技变迁和生活方式的变化，孕育出很多投资机会。另外，消费行业估值良好，消费结构呈现多元化的发展趋势。中国的消费产业是具有广大内需市场的产业，具有很强的非周期性，随着中国经济发展以及人口素质提升，消费升级是未来投资的重要领域。

项目二：中国产业发展的重要支撑。在福布斯全球企业 2000 强中，我国四大国有银行均位列前十，改革开放 40 年来中国金融无论在规模、结构、业态、还是功能、竞争力、国际影响力方面都发生了深刻的变革。中国金融从改革开放之前的比较传统落后转变为初具现代金融特征的市场化的金融，开始具有大国金融的一些特征。金融业的发展和变化体现了我国的综合国力、国际竞争力和抗风

险能力的共同提升。

（二）教学目标

1. 知识与技能目标

掌握产业分析的基本逻辑，包括产业周期分析、产业市场结构分析、产业上下游分析以及影响产业的外部因素。通过本次课程，培养学生根据市场和行业数据分析产业的竞争力，把握产业投资方向。

2. 思想政治教育目标

专业教学目标	课程思政教学目标
产业生命周期分析	爱国——基本国情
产业结构分析	富强——综合国力
具体行业投资分析	文明——工匠精神

（三）教学重点难点

教学重点：掌握产业周期分析、产业市场结构分析、产业上下游分析的方法，了解影响产业的外部因素。

教学难点：根据产业竞争力的分析方法，结合市场和产业数据进行实践分析。

三、教学过程

（一）引入课程（第1—2分钟）

上次课我们学习了证券投资基本面分析，通过学习我们知道基本面分析包括宏观、中观和微观三个层面，并学习了宏观层面的分析内容和分析方法，这节课我们将继续学习中观层面的分析内容和方法，即证券投资的产业分析。

（二）产业分析概述（第3—15分钟）

1. 行业的概念

行业指的是从事国民经济中同性质的生产或其他社会经济活动的经营单位或个体所组成的组织结构体系，如制造业、金融业、房地产业，证券分析师关注的往往是具有相当规模的行业，特别是含有上市公司的行业，在业内一直约定俗成地把行业分析与产业分析视为同义语。

2. 行业分析的主要任务

行业分析的主要任务是解释行业本身所处的发展阶段及其在国民经济中的

地位分析。分析影响行业发展的各种因素及其对行业影响的力度，预测行业的未来发展趋势，判断行业的投资价值，揭示行业投资风险，从而为政府部门投资者以及其他机构提供决策依据或投资依据。

3. 行业的分类

第一，是标准行业分类法。第二，2002 年，我国推出国民经济行业分类国家标准，我国工业行业门类 20 个，行业大类 95 个。第三，中国证监会的上市公司行业分类指引，将上市公司分为 13 个门类，90 个大类和 288 个中类。

（三）行业的一般特征分析（第 16—35 分钟）

1. 行业的市场结构

我们先看行业的市场结构，分析市场结构的核心是垄断与竞争的关系，行业的集中度是衡量行业市场结构的重要标志，依据该行业中企业数量的多少、进入行业的限制程度、产品差别、企业对价格的影响程度等因素可以将行业区分为如下四种市场类型——完全竞争、垄断竞争、寡头垄断、完全垄断。

2. 行业的生命周期分析

行业生命周期分析作为一种计划、控制和预测工具，主要用来解释行业的动态性，并通过分析来确定行业处于生命周期的哪一个阶段，从中发现行业演变的规律，以指导企业的经营行为、经营策略。行业的生命周期会从幼稚期到成长期再到成熟期，最后到衰落期。上节课我们已经知道，现在宏观经济正处于下行周期，那么作为 A 股市场，我们的机会在哪里呢？

（四）融入思政元素——投资中国的产业逻辑（第 36—45 分钟）

中国的消费产业具有非周期性特点。首先，我们有着庞大的消费群体，中国是 14 亿人口大国，民以食为天。食品作为一个产业，规模够大，叠加科技变迁和生活方式的变化，孕育出很多投资机会；另外，消费行业估值良好，且消费结构呈现多元化的发展趋势，因此中国的消费产业是具有广大内需市场的产业，具有很强的非周期性，随着中国经济发展以及人口素质的提升，消费升级是未来投资的重要领域。

四、教学反思

本次课运用理论与实操相结合的方式，先给学生讲授产业分析的方法，让学生了解投资中国的产业逻辑，要求学生课后进行总结，谈谈自己对于投资中国股票市场产业逻辑的看法；再让学生运用模拟软件进行模拟炒股，考察学生理论联系实际的能力。将学习从书本带到实践，体验真实的投资感受。了解投资中国的产业逻辑，寻找有长期投资价值的产业，进而寻找个股进行投资。通过本次课程，让学生了解投资是赚认知内的收益，是先通过基本面的考察再结合技术手段寻找可投资的证券，是了解投资逻辑后做价值投资、中长期投资，而不只是看 K 线、看指标，不能有不现实的赌博心理，不搞投机。

五、教学成效

本次课让学生了解了产业分析的逻辑，通过产业周期分析和对比中国消费行业的非周期性，培养了学生对投资国家产业的信心，认识到中国的消费产业是具有广大内需市场的产业，具有很强的非周期性，随着中国经济发展以及人口素质提升，消费升级是未来投资的重要领域。通过思政教学，也让学生了解中国的综合国力，激发民族自豪感。

中华文学经典导读课程思政教学案例

单位：文学院　作者：付振华

一、基本信息

课程名称：中华文学经典导读

授课对象：全校大学生

教学章节：第八章

使用教材：无

二、课程思政教学改革整体设计思路

1. 指导思想

在中华民族伟大复兴的时代背景下，传统文化热持续不衰，而古典文学则是传统文化中的一个重要组成部分。开设和讲授中华文学经典导读这门通识选修课程，意欲使学生获得有关我国古代文学、文化典籍的基本认识，力争把学生培养成为具有睿智头脑、善感心灵的人，增强学生的民族文化认同感。

2. 要解决的问题

中华文学经典导读作为通识选修课程，就是要带领各专业大学生一起去结识中国古代的作家，跟随他们的生平行迹，倾听他们的痛苦和欢乐，仰望他们的理想和抱负；涵咏他们创作的文学名篇，增加文学修养，丰富内心生活，提升精神境界。

3. 教学方法

（1）兼顾文化属性和审美属性。"中华文学"也就是"中国古代文学"，称之为"中华文学"，意在突出这种文学的民族文化属性，而文化精神则有赖于文学审美的涵养。（2）改善导读，强化自读。为在有限的课时中讲完中华文学经典，须选择重点内容进行有限而有效的导读。在导读中为学生介绍阅读书目，指导读书方法，设计生动有趣的课程作业，使学生真正成为教学的主体。

4. 预期成效

使文学经典活起来，让学生成为这些经典的深度阅读者及其所承载的文学文化精神的传承人。

三、教学目标

1. 知识与技能目标

了解杜甫的生平思想和创作概况，大体掌握赏析古典诗歌的一般方法。作为通识选修课程，知识和技能目标应与专业课程有所区别。

2. 思想政治教育目标

激发学生的民族自豪感，排斥历史虚无主义，培养高尚的人格和爱国主义思想。

四、教学重点难点

教学重点：安史之乱时期的经历和创作。

教学难点：杜甫的思想矛盾。

五、教学过程

1. 课程导入

展示杜甫的肖像。介绍杜甫的世界性声誉，杜甫是中国文学和文化的代表。【课程思政：激发学生的民族自豪感】

2. 头角峥嵘的早期创作（大约6分钟）

（1）开放恢弘的盛唐气象。【课程思政：民族历史的教育，排斥历史虚无主义】

（2）杜甫早期诗歌中昂扬乐观的精神气度。提问：杜甫和李白对科举考试的态度的异同。【课程思政：健康明朗的人格精神】

（3）杜甫对权贵的讽刺和批判。【课程思政：知识分子的社会责任感】

3. 沉郁顿挫的中期创作（大约10分钟）

（1）安史之乱中陷贼时期的创作。提问：杜甫和王维乱中表现的对比。【课程思政：民族危亡之际，高扬的爱国主义精神】

（2）短暂为官时期的创作。【课程思政：刚正不阿，敢于直言，不愿做大官，只想做大事】

（3）"三吏三别"中的矛盾思想。讨论：杜甫的精神痛苦何在，矛盾能否弥

合。【课程思政：忠君和爱民的矛盾，对专制君主的疏离】

4. 精工而自然的晚期创作（大约 6 分钟）

（1）成都草堂时期的创作。【课程思政：闲适生活中不能忘怀的天下国家】

（2）夔州时期的创作。提问：晚期《登高》和早期《望岳》所展现的不同精神气度。【课程思政：个人忧患与民族危亡合二为一】

（3）杜甫之死。【课程思政：至死不渝的爱国精神】

5. 阅读指导（大约 6 分钟）

（1）介绍重要版本注本：二王本、赵次公注本（以上宋人）、钱谦益注本、仇兆鳌注本、杨伦注本、浦起龙注本（以上清人）、萧涤非主编本、谢思炜注本（以上现代）。

（2）推荐重点阅读选本：萧涤非选本（以杜注杜）、葛晓音选本（艺术分析）、谢思炜选本（精神个性）。

（3）阅读方法指导：囫囵吞枣法、略观大意法、尝鼎一脔法、八面受敌法、以意逆志法。

6. 课后作业

（1）阅读杜甫诗选，记录心得体会，并进行简单的赏析。【课程思政：以意逆志，在阅读中用心体会杜甫博大的仁爱精神】

（2）分组排演杜甫生活小故事。【课程思政：回到历史现场，增强代入感，培养爱国主义思想】

六、教学反思

1. 优点

（1）教学内容比较充实。在有限的教学时间内，清晰地勾勒了杜甫一生的经历、思想和创作概况，突出了重要创作阶段和名篇佳作。尤其是讲述了任课教师探访杜甫遗迹的经历，使教学内容更加亲切可感。

（2）思想分析较为深入细致。描述了杜甫一生的思想变化及其原因，对于杜甫的思想矛盾展开了讨论，塑造了立体化的杜甫形象，使课程思政达到了一定的深度。

（3）艺术分析具有特色。虽然讲解杜甫名篇不多，但仍然进行了较为具体的艺术分析，有助于培养学生赏析古典诗歌的能力。

2. 问题及解决办法

（1）教学内容稍多。因为课堂教学时间有限，内容讲授过多，教学节奏就过于紧凑，情绪渲染不够，教学效果受到了一定影响。可适当删减教学内容，进一步突出教学重点。

（2）师生互动相对较少。对于学生自主学习线上教学资源的情况检查不够，提问较少，提问对象不够广泛，讨论只安排了一次，参与学生有限。应进一步突出学生的主体地位，合理安排提问和讨论，适当安排课堂线上小作业。

（3）课程思政问题。个别课程思政点落实较为生硬，存在一定的为了课程思政而进行课程思政的倾向，影响了课程思政的效果。应追求如盐入水的效果，将课程思政自然融入教学内容之中，不必过于强调。

七、教学成效

1. 知识目标的实现

学生了解了杜甫一生梗概，大体掌握杜甫每个时期的行踪和交游情况，掌握杜甫各时期的代表诗作内容及其所显露出的杜甫思想变化。此外，还了解到杜甫诗集的古今各种注本及其特点，了解鄜州羌村和杜甫草堂的一般情况。

2. 技能目标的实现

学生掌握了杜甫诗歌的艺术特点，了解了古典诗歌赏析的一般方法，对于杜甫诗歌的炼字炼句、意象、抒情脉络、意境和风格能够加以简单的分析。对于杜甫的思想矛盾，也能进行较为辩证的分析和阐释。

3. 思政目标的实现

学生的民族自豪感得到激发，对于杜甫的遭遇感到同情，对于杜甫的人格精神感到钦佩，对于杜甫所展现的我国文化传统中深刻的忧患意识有了一定的认识和感受，对于杜甫的忠君爱国思想能够加以分析，接受了一场浓墨重彩的爱国主义思想的洗礼。

课程与教学论课程思政教学案例

单位：教育科学学院   作者：田春艳

一、基本信息

课程名称：课程与教学论

授课对象：小学教育专业学生

教学章节：第十章

使用教材：《课程与教学论》

二、课程思政教学改革整体设计思路

根据《高等学校课程思政建设指导纲要》的指导思想，树立把"立德树人"作为教育的根本任务的教育理念，用好课堂教学这个主渠道，使专业课程与思想政治理论课同向同行，形成协同效应。

1. 明确课程思政建设方向，确定课程思政目标

围绕全面提高人才培养能力这个核心点，结合教育学类专业课程特点，在课程教学中注重加强师德师风教育，引导学生树立学为人师、行为世范的职业理想，培育爱国守法、规范从教的职业操守，培养学生自觉以德立身、以德立学、以德施教，争做"四有"好老师，树立正确的学生观、教师观、教学观。

2. 融入课程思政要素，全面设计教学内容

本门课程理论性强、课时紧、学科体系相对独立，为了更好地实现课程思政目标，在教学内容设计上积极挖掘思政元素，以基础教育中的教学评价的痛点问题和教学案例为切入点，引导学生在思辨、研讨过程中深入认识教师职业的社会价值和重要意义，树立科学的教学观、评价观。

3. 优化教学方式方法，开展线上线下混合式教学

通过课前线上小规模在线课程（Small Private Online Course，SPOC）学习，学生掌握本节课基础知识并完成课后测试，为思政目标的实现奠定知识基础。通

过线下讨论教学和案例分析，具象化地呈现思政内容，将职业情感认同与职业技能提升融为一体，增强学生对教师职业、教育工作的敬畏之情，树立正确的教学观和评价观。课后线上拓展性阅读，实现思政目标由情感向理性升华，促进思政效果的深化稳定。

三、教学目标

1. 知识与技能目标

（1）掌握"教学评价"的基本含义，明确开展教学评价的基本内容和标准；

（2）能够运用适当的方法开展科学的教学评价；

（3）通过问题讨论形成合作交流、信息整合的能力，在研讨和案例分析中形成独立、深入思考的意识与能力。

2. 思想政治教育目标

（1）在教学评价的过程中升华对教师职业的认识；

（2）形成"教师是学生发展的促进者"的职业理念和发展的教育评价观。

四、教学重点难点

教学重点：教学评价的内容、标准和方法。

教学难点：发展性教学评价观。

五、教学过程

本节课采取线上线下相结合的方式开展教学活动。

第一阶段，课前线上 SPOC 学习，为思政目标的实现奠定知识基础。学生利用线上优质教学资源开展自学活动，学习掌握课程与教学评价的基本概念、功能与类型等基础知识，并完成课后测试，画出本节知识导图，确保掌握本节课的基本知识点及相互关系，实现认知目标。

第二阶段，线下讨论教学和案例分析，具象化地呈现思政内容，将职业情感认同与职业技能提升融为一体。

深入研讨：教师抛出"学业成就=考试成绩？""教的评价是评价过程还是评价结果？"等基础教育在教学评价中的痛点问题，引导学生讨论思考以什么样的标准和内容对学生的学业和教师的教学工作进行评价？引入新的知识内容——"小学生核心素养"和"教师专业素养"，帮助学生认识到要以发展的眼光看待学生的成长和教师职业，评价的目的不是考核、分类、选拔、下结论，而是促进师生的进步与发展。

案例分析：通过师生对"动物学校学业评价方案"和"北京灯市口小学'乐考嘉年华'方案"的案例分析感受不同的评价方式对学生的影响，一方面培养学生进行科学的学业评价的能力，另一方面引导学生充分认识到教师职业对人的发展重要而深远的作用，进一步加强学生对教师职业、教育工作的敬畏之情。

以上活动既培养了学生自主学习、独立思考的能力，又帮助学生在真实的情境下感受教学评价工作的意义，树立正确的教育观、评价观。使学生明确"发展性评价"是"以人为本"的学生观在教育评价中的体现，形成对"教师是学生发展的促进者"这一职业理念的认同感，明确教师职业是需要不断学习、不断成长的。

第三阶段，课后线上拓展性阅读，实现思政目标由情感向理性升华。在线上教学平台为学生提供北京大学党委书记邱水平的《"破五唯"，要有制度基础，还要有厚重底气》和中国教育科学研究院研究员李铁安的《围绕"四个评价"展开课堂教学评价》两篇文章，使课程思政目标由情感认同、实践认同的层面向理论认同层面转变，实现思政效果的深化稳定。

六、教学反思

1. 优点

（1）线上线下教学结合紧密，较好地实现了翻转课堂，帮助学生养成主动学习、独立学习的习惯；

（2）学生能够积极参与课堂讨论和进行案例分析，课堂氛围积极活跃，师生交流充分，促进学生独立思考、积极交流的能力养成；

（3）本节课的思想政治教育目标能够较好实现，学生对于教师职业价值有了深刻的认识，对于教学评价的作用也从最初的"区分""选拔"转变为"促进发展"，形成了科学的教育评价观。

2. 不足之处

（1）课堂教学时间较为紧张，对问题的讨论有待深入；

（2）教学案例形式相对单一，案例分析后没有给出解决问题的方案。

3. 解决方案

（1）讨论问题在课前上传网络平台，让学生进行课前的资料收集和个人观点的梳理，确保课上讨论时具有一定研究基础和理论依据，减少以生活经验和个人情感进行教育问题讨论的时间，提高课堂学习效率，深化讨论结论；

（2）多方收集教学案例，丰富教学案例形式，加入视频资料等媒体形式，同时案例分析后鼓励学生给出修正方案，提升学生解决实际问题的能力。

七、教学成效

（1）通过线上学习，学生能够掌握课程与教学评价的含义、功能与类型等基本概念和基础知识，明确开展教学评价的基本内容和标准；

（2）学生能够画出本章思维导图，掌握本章知识结构，形成良好的认知结构；

（3）在教师的引导和同学的合作下，学生能够运用适当的方法开展科学的教学评价；

（4）学生能够通过问题讨论形成合作交流、信息整合的能力，形成"教师是学生发展的促进者"的职业理念和发展的教育评价观；

（5）学生能够在研讨和案例分析中形成独立、深入思考的意识与能力，在教学评价的过程中升华对教师职业的认识。

日本文学史及名著选读课程思政教学案例

单位：东方语言学院　作者：孙瑞雪

一、基本信息

课程名称：日本文学史及名著选读

授课对象：日语专业大三的学生

教学章节：第二章第一节

使用教材：《日本文学史》

二、课程思政教学改革整体设计思路

利用日语版本国际歌进行课程导入，吸引学生注意力的同时让学生了解无产阶级相关歌曲；通过国际歌的导入，引出无产阶级这一思政元素，通过对无产阶级的进一步诠释，加深学生对无产阶级的了解；通过日本无产阶级文学内容的教学，引出中国无产阶级文学的相关信息并进行讨论，提高学生对中国无产阶级文学的认识；通过中国无产阶级文学作品的赏析，引出我国无产阶级革命者的奉献精神及解读，进一步培养学生的爱国主义情怀和勇于奉献的精神，提升学生的学习热情和学习动力。通过匠人精神的渗透，让学生热爱自己的本职工作并为之努力奋斗。

三、教学目标

1. 知识与技能目标

（1）了解日本无产阶级文学的基本概念和发展；

（2）掌握日本无产阶级文学的代表作家及其作品；

（3）掌握日本无产阶级代表作家小林多喜二的生平及代表作；

（4）赏析小林多喜二的代表作品《蟹工船》，学会掌握作品评价方法和知识。

2. 思想政治教育目标

（1）加深对无产阶级的了解，讨论并阐述对无产阶级的理解；

（2）查找资料了解中国无产阶级文学基本情况及代表作家、作品；

（3）比较中日无产阶级文学的异同；

（4）加深对我国无产阶级革命者牺牲精神的认识。

四、教学重点难点

了解日本无产阶级作家小林多喜二写作风格及文学主张；小林多喜二作品在日本文坛上的影响；通过鉴赏《蟹工船》掌握文学作品的评价方法。

五、教学过程

（1）课堂导入：

下面我们听一首歌。（2分钟）

教师导入：这是一首日语版本的国际歌，是一首代表无产阶级的歌曲。（2分钟）。

（2）启发式提问：

那么关于无产阶级，各位同学有何认识，请同学谈一下。（1分钟）

（3）学生分享相关内容。（2分钟）

（4）引出授课内容并进行相关内容的讲授。

关于日本无产阶级文学，首先我们要了解一下其发展背景和概况（内容略）。（5分钟）

（5）提出相关思政元素：中国无产阶级文学。

以上是日本无产阶级发展背景和发展过程的内容介绍，接下来我想让大家分享一下对中国无产阶级文学了解的信息。（1分钟）

两名同学的分享。（5分钟）

（6）总结学生发言并进行下一步授课内容的讲解：

接下来，让我们了解一下日本无产阶级文学中影响力较大的三位作家，他们分别是小林多喜二、德永直和叶山嘉树。（内容略）（5分钟）

（7）引出日本无产阶级文学的代表作品《蟹工船》；

在日本无产阶级文学发展的过程中，影响力较大的是小林多喜二的《蟹工船》，请大家分享一下这部作品的内容和读后感受。（启发式教学法）（学生分享

略）（10分钟）

（8）总结学生发言并分享中国左翼作家对该部作品的评价。（5分钟）

（9）启发式引出中国无产阶级文学左翼联盟的主要作家，并分享反映中国无产阶级革命者的影视作品片段。（2分钟）

（10）通过影视作品片段引出相关讨论问题：请大家谈一下自己对我国无产阶级革命者的认识和启发。（讨论内容略）（5分钟）

（11）总结发言。（1分钟）

（12）总结本节课内容。（1分钟）

（13）布置作业。（1分钟）

六、教学反思

1. 教学收获

本次教学中通过分享和讲授日本无产阶级文学，引出相关的课程思政元素：无产阶级、中国无产阶级文学、赏析无产阶级文学作品并谈个人对中国无产阶级革命者的认识及启示。通过本次课程的学习，学生不但了解教学内容的相关知识，并通过查找资料和谈个人感受提升了思想意识，培养了学生的爱国主义情操，让学生认识到今天生活的来之不易，应该用自己的行动回报我国无产阶级革命者的伟大奉献。

2. 不足之处

由于本次课程时间有限，不能逐个同学畅谈个人的感受，因此具有一定的局限性。但通过课后作业的布置，以提交小论文的形式让学生课后进一步思考无产阶级文学的相关信息，并赏析相关文学作品，以此解决课上时间不足的问题。

3. 学生的创新

在本次课程讲授的过程中，通过启发式教学法让学生谈个人的感受和认识，教师发现学生对于师生共同讨论同一话题比较感兴趣。同时，在谈论话题时学生比较喜欢使用汉语和日语混合的方式，这不但大大弥补了学生语言表达上的不足，更能够激发学生的学习热情，因此今后课上发言可适当让学生采取汉日语言相结合的方式。另外，布置给学生查找资料的作业，学生完成较好，说明学生具备一定的查阅资料能力，今后在教学中适当加大布置查阅资料的作业。

七、教学成效

1. 激发学生参加各种大赛的斗志

通过爱国主义教育的深入开展，燃起了学生的爱国情怀，激发了学生学习日语的热情，并自觉主动地参加各种形式的比赛，在近两年的比赛中取得了喜人的成绩。

2. 教师也提升了爱国主义情怀和意识，并积极投身工作

教师在课上融入思政元素的同时，自身也提升了爱国主义情怀和意识，积极主动地指导学生参加各种比赛，并利用业余时间，通过不同的网络形式随时解答学生提出的各种问题，在学生中得到好评。

3. 文学课程改变学生思想意识

通过文学作品的赏评，学生不但提高了自身的审美意识，同时也形成了正确的人生观和价值观，对今后投身社会主义建设打下基础。

4. 课上讨论改变学生的学习方法

通过课上讨论和课下作业的形式，学生改变了被动学习的习惯，能够利用网络等手段搜集相关信息，课上能够积极主动地发表自己的看法，上课效果良好。

综合英语课程思政教学案例

单位：应用英语学院　　作者：孙海一

一、基本信息

课程名称：综合英语

授课对象：英语翻译专业大一、大二的学生

教学章节：第三册第五单元

使用教材：《综合教程》第三册学生用书

二、课程思政教学改革整体设计思路

1. 指导思想

通过找准英语知识技能和思想政治教育的契合点，适时恰当地将社会主义核心价值观及中国优秀传统文化贯穿于整个英语教学。

2. 课程思政的融入路径

教师——课程思政的主力军：教师是知识的传授者、教学过程的组织者以及课程思政的主动践行者，为了使课程思政有效地融入教学过程，首先，教师要认真学习习近平关于课程思政的系列讲话精神以及中共中央、教育部印发的相关文件，认清课程思政的目标和工作思路；其次，教师要不断地加强思想政治理论学习，提升自身的思想政治素养，如此才能成为先进思想文化的传播者，学生健康成长的领路人；再次，教师要重视语言的意识形态性，认清语言背后的文化价值因素，尊重不同文化的价值理念，帮助学生领略到中国优秀传统文化的魅力，增加学生对中国文化的认同感，强化学生的国家民族意识，厚植学生的爱国情怀；最后，在教学过程中教师要把教书育人和修养提升相结合。

教材——课程思政的载体：教材既是语言知识的载体，也是价值取向、社会规范等思政元素的载体。教师基于教材深入挖掘思政点，选取有代表性的、时效性强同时兼顾趣味性和可接受性的语言素材，使学生在学习课文内容的同时潜移默化地受到正确的思想观念与道德规范的洗礼，并逐渐将其内化为个人品质和信念。

教学方法、教学评价——课程思政的助推器：教师根据教学内容灵活地选择教学方式，如启发式、讨论式、探究式、情景式、案例式、任务式、合作式教学等。教师要注重课堂形式的多样性和学生的参与度。教师可以在同一课堂采用不同的教学方式，坚持因势而新的理念以调动学生的积极性，让学生不仅感觉有意义，而且感觉有意思。

综合英语课程采用过程性评价和终结性评价相结合的评价方式。课程思政贯穿于整个评价的始终。在过程性评价中，主要体现在主题拓展环节，在这一环节开展主题演讲、口译等各类活动，加强学生对我国社会制度和核心价值观的认同，提升爱国情感，树立文化自信。在以常规期末试卷为主要形式的终结性评价中，教师可以在题型设计中增加学生对思政元素掌握能力的考核，根据课堂上涉及的思政元素设置半开放式和开放式的考察题型，将语言知识与课程思政紧密结合进行一些社会热点方面的思辨话题考察。

3. 预期成效

通过凝练专业知识中的育人价值，帮助学生领会语言的内涵，在不同文化的交流和碰撞中培养文化自信、批判性思维、塑造理想人格、礼貌教养，并且树立正确的核心价值观。以期学生既可以提高英语专业学习，又可以规范其道德品质和理想信念，真正满足应用型人才培养的目标。

三、教学目标

1. 知识与技能目标

知识目标：具备英语语言基础知识、英语文学和文化知识。系统地掌握英语语法体系；掌握基础阶段认知词汇（5500—6000 个），并能正确、熟练地运用其中 3000—4000 个单词及其搭配。

能力目标：具备听、说、读、写、译五项基本技能，具备较强的英文交际能力，能较流畅地使用两种语言进行相关业务活动。如能听懂英语国家人士关于日常及社会生活的谈话；能够用英语完成中等难度的介绍与交流，语音、语调正确，语流连贯顺畅，表达基本得体；能读懂英语国家出版的中等难度的文章和材料，能根据给出的提纲、图表或数据等，写出一篇 200 个单词左右的作文，并能做到内容切题、完整，条理清晰，语法正确，语言通顺。

2. 思想政治教育目标

在培养和提高学生英语综合运用能力的同时，提升学生的文化领悟力，树立文化自信，强化国家民族意识，厚植爱国情怀，以"润物细无声"的方式潜移默化地提升学生的思想政治素养，激发其使命感和责任感。

四、教学重点难点

1. 备课压力较大

教学资料的筛选往往是一个"披沙拣金"的过程，如何不生硬地引入思政话题，深入浅出地进行讲解，需要对教学技巧进行艰苦的"打磨""试错"。同时，对大学生群体行为和心理的研究也是必不可少的前期工作，这些都给并不具备深厚哲学、政治、社会学、心理学素养的教师带来了极大的挑战，因此，教师不但应持续加强自身的思政学习，提高道德修养和理论水平，还要有与学生"打成一片"的自觉性，正视自身的短板，不断提升教学"内功"。

2. 学生反馈达不到预期

由于学生对一些拓展话题缺乏感性认识和共鸣，导致课堂可能出现尴尬"冷场"、学习和互动积极性不高的问题，此外，部分学生基础薄弱，不能真正参与到课堂中来，学生们普遍缺乏抽象概括能力，对一些抽象的表述也无法结合自身的人生经验展开讨论。

五、教学过程

1. 教学内容与设计

贯彻以学生为主体的教育理念，贯穿课前、课中、课后全过程。

课前：（1）学生小组挑选整理最新的英语新闻，准备课堂播报展示。

（2）学生小组查阅相关资料，准备主题讨论（与教学单元相关的主题由教师在课前以问题的形式布置给学生）。

课中：（1）导入：学生新闻播报展示+主题讨论，教师点评引入教学单元的主题。

（2）课内自学：①单元课文创作背景、文化背景复述；②围绕课文进行视听、朗读训练；③课文结构分析、主旨概括。

（3）课文精读：在教师的引导下，分别从语篇、句法和词汇，即面、线、点三个层面进行深入透彻地分析。

（4）主题拓展：融入思政元素，引导学生树立正确的核心价值观，如第五单元的主题为"谎言的真相"，在主题拓展环节，引导学生翻译社会主义核心价值观，用英语讲述跟中华传统美德"诚信"有关的故事。

（5）综合训练：围绕课后习题开展词汇、语法、翻译、写作训练。

课后：作业与测试。

2. 教学模式

采用问题驱动教学法（PBL）、小组合作式学习（TBL）、讲授式学习法（LBL）融合教学模式。

学生新闻播报展示环节采用 TBL 的学习模式，学习小组课前查阅资料、课上进行课堂展示，大家分工协作，有助于促进学习者团队协作精神。

主题讨论和拓展、课内自学以及综合训练环节采用 PBL 的学习模式，将学习过程置于复杂、有意义的问题情境中，让学生以小组合作的形式共同解决学习过程中发现的问题，以促进他们自主学习和终身学习能力的发展。

课文精读环节采用 LBL 和 PBL 相结合的模式，一方面教学系统性强，学习效率高，可以引导学生对课本知识进行深入分析和掌握，另一方面课堂灵活，教学过程不断得到优化，师生、生生之间有充分交流。

3. 教学方法

课程教学主要采用启发式教学、互动式教学、情境教学、项目导向教学、任务驱动教学等方法，以多媒体技术为辅助，充分发挥学生主动性，打造以学生为主体的课堂教学。

4. 成绩评定方式

以"学生为中心"，以语言应用能力为导向，本课程采用形成性评价和终结性评价相结合的成绩评定方式。形成性评价占总成绩的 50%，包括平时成绩（30分）和期中测试（20分），平时成绩包括出勤（5%）、课堂表现（5%）、主题讨论（5%）、新闻播报（5%）、课后作业（10%），通过出勤、课堂表现，以及作业完成等情况的考查，对学生课堂学习状态、学习方法态度、学业成绩等方面做出综合评价。终结性评价占总成绩的 50%，以期末闭卷考试形式进行，试卷中适当增加半开放式和全开放式考查类型题目的比例，注重考查学生的语言应用能力。

六、教学反思

针对本次教学活动，课题组总结了授课过程中的优点和缺点，通过分析找出问题症结并进一步制定了解决方案。

第一，教学内容丰富，课堂容量大，环节紧凑有序，课前准备充分，学生得到充分调动，积极性高，联系强度大，效果良好，但是部分学生基础薄弱，课堂配合度不高，不能真正参与到课堂中来。针对这一问题，课程组将坚持以问题为导向，以解决学生实际困难、提升教学效果、增强学生"获得感"为皈依，根据学情多层次地开展教学，建设 SPOC 资源，线上线下互补，拓展课堂空间，延展课堂维度，为学生创设语言技能训练环境，满足学生进阶学习和个性化学习需求。

第二，综合英语课程的教学任务比较繁重，课堂上教师一方面没有足够多的时间和精力实施评价环节，另一方面传统的评价频繁地聚焦在学生的个人学习成果和学习进步上，即知识的获得和能力培养，思政目标是否达成通常未被纳入评价体系，这不利于教师及时发现问题、优化思政教学设计，使得课程思政沦为教学中的"走过场"环节。若要保证课程思政的可持续性发展，需要把课程思政纳入教学评价，尤其是植入课程形成性评价，增加学生在思政教育方面的内容考核和语言输出，通过形成性评价体系激发学生的德育热情。但要如何根据课程思政任务来制定相应的"评价标准"，思政育人效果要如何才能实现定量或定性评价，这给教师测评能力和职业水平带来了极大的考验，也是我们今后需要致力研究的课题。

七、教学成效

经过不断地积累和探索，综合英语课程得到了学生、同行和专家的认可。2019年，综合英语教学课件获第六届黑龙江省高校青年教师多媒体课件制作大赛三等奖；2020 年，获外语教学与研究出版社"国才杯"全国英语教师金课大赛黑龙江省赛区三等奖；2020 年，综合英语获批 SPOC 课程建设项目；2021 年，课程负责人获校第二届本科课堂教学质量奖一等奖；课程组成员发表综合英语课程思政建设专题论文两篇。

通过调整教学目标和方法，优化教学内容，学生英语语言基础知识和听、说、读、写、译基本技能得到了提升。2017 级翻译专业学生英语专业四级一次过级率较 2016 级提高了 10 个百分点；2019 年翻译专业笔译二级通过率实现了零突破；考研再创佳绩；2018 级翻译二班刘雯婕同学成功考取广东外语外贸大学英语笔译翻译与国际传播方向研究生。学生创新项目成果丰富，获批多项国家级、省级大学生创新项目。

　　课程思政教学成效显著。2021 年 5 月，为庆祝中国共产党建党 100 周年，助力第四届黑龙江省旅游产业发展大会，学习革命先烈的英雄事迹，传承"雪城"牡丹江红色革命传统，坚定理想信念，弘扬东北抗联精神，激励广大师生知史爱党、知史爱国，牡丹江师范学院、牡丹江市委史志研究室、共青团牡丹江市委员会、牡丹江市文化广电和旅游局举办了"牡丹江市大学生中共党史翻译大赛"，2020 级翻译专业学生踊跃报名参赛，并取得了优异成绩，其中，王冰同学获得一等奖 1 项，刘安琪同学获得三等奖 1 项，另有 10 名同学获得优秀奖。

国际经济法学课程思政教学案例

单位：法学院　作者：谌雪燕

一、基本信息

课程名称：国际经济法学

授课对象：法学大三学生

教学章节：国际经济法总论

使用教材：《国际经济法学》

二、课程思政教学改革整体设计思路

本节课秉承将国际经济活动与思政理论相结合的教育理念，在分析国际经济活动的基础之上，结合个人的发展与国际经济活动的实际联系，运用讲授法、情境法和案例分析法，调动学生通过国际贸易中体现出来的一些贸易原则进而实现自身的价值观，发展自我潜力。

将习近平总书记关于社会主义核心价值观等相关讲话引入，进一步引导学生认识到在贸易中也遵循正确的贸易观，正如在生活中发挥个人的科学价值观。国际贸易就有保证，国家事业就能顺利发展。最后继续启发学生对未来职业选择的思考，贸易如做人，想要国家富强，就需要每一个个体的充分发展。个体发展了才能实现国际贸易的良性发展。实现经济发展中的良币驱逐劣币原则。每个个体的努力奋进才能使我国在国际事务中发挥重要作用，这是民族发展的核心，是支撑国家发展的原动力。因此，号召学生立下志向，把自己的命运和国家的命运联系在一起，增强爱国主义情怀，为中华民族而努力提高自我能力。

三、教学目标

知识与技能目标：掌握国际经济发展的原因、比较优势和良币驱逐劣币，引导学生发挥自我优势，实现自我价值和国家富强。

思想政治教育目标：引导学生发挥自我优势，实现自我价值和国家富强。

四、教学重点难点

重点在于如何将国际贸易产生的原因与个人的成就相结合。

难点在于如何选取合适的资料进行情景构建，完成课程思政的融入。

五、教学过程

（一）导入新课

引导学生思考国际经济之所以发展得这么快，就是因为各国都有比较优势，节省资源和交易成本，实现共赢。

（二）内容讲解

1. 国际经济法的内容介绍

国际经济法作为法学的主干课程，它包括很多部门法，如国际贸易法、国际贸易管制法、国际税法、国际金融法、国际货币法、国际知识产权法等。在培养学生的法学思维和国际化视野中具有重要作用。

2. 引出理论

当前随着国际化进一步加强，各国之间的经济交往越来越密切。国际经济活动产生的基础理论是各国经济存在着比较优势。比较优势可以表述为：在两国之间，劳动生产率的差距并不是在任何产品上都是相等的。每个国家都应集中生产并出口具有比较优势的产品，进口具有比较劣势的产品（即"两优相权取其重，两劣相衡取其轻"），双方均可节省劳动力，获得专业化分工提高劳动生产率的好处。简单地说，比较优势就是拿自己低成本的产品去换取高成本的产品。这就是国际经济迅速发展的核心，贸易最终会实现共赢，各国消费者可以使用到更优和价格更低的产品。

3. 引出思政

针对学生出现的一些问题。如有的同学不会和人交流，在宿舍相处不好；有的同学英语不好；有的学生专业学习能力不足，缺少专注力等。一部分学生非常怀疑自己，甚至自卑。利用比较优势理论的学习，让每个人懂得自己都有优点，在充分肯定别人的时候，也学会客观地看待自己，再弱小的生命也有自己的价值，发挥个人特长，不妄自菲薄，也不骄傲自满。互相取长补短，对人友善，最终会实现社会的和谐。同学们听到这个理论，反应很强烈，进而对一些事情能够客观地去看待。

（三）总结拓展

习近平总书记在全国教育大会上提出要"培养德智体美劳全面发展的社会主义建设者和接班人"。德智体美劳全面发展，"德"为统领。党的十九届四中全会通过的《中共中央关于坚持和完善中国特色社会主义制度、推进国家治理体系和治理能力现代化若干重大问题的决定》明确提出要"加强和改进学校思想政治教育，建立全员、全程、全方位育人体制机制"，引领学生树立正确的自我评判标准。引领学生认识到只要正确认识自己，发挥自身优势，就能实现自身的价值和爱国情怀。最后继续启发学生对未来职业和人生选择的思考。

六、教学反思

本次课程的优点在于情景材料的选择是学生切实感受的实例，能够很容易地与学生产生情感共鸣，方便课程思政元素的顺利引入；缺点在于学生在讨论过程中容易出现过于兴奋而偏离主题的情形。所以，在今后的教学中，需要教师提前做好预案，把控好课堂节奏，在激发学生主动性的基础之上，完成知识的掌握与课程思政目标的实现。

七、教学成效

通过国际经济法总论的讲解，让学生们寻找到了国际经济法与生活中个人发展的关系，让学生学会在每一门学科中都能思考到更深层次的人生问题。由此启发学生产生完善自我的使命感，个人的发展与国家、民族的发展不可分立。明确只有在坚持中国共产党带领下，我国的经济才能够真正发展起来，个人才能有发展。最后，同学们都谈到了自己的理想，觉得自己肩上的责任重大，对以后的学习和生活有了新的认识。

国际人才英语（初级）课程思政教学案例

单位：西方语言学院　作者：王悦

一、基本信息

课程名称：国际人才英语（初级）

课程类别：英语专业必修课程

教学对象：2019 级英语专业国际事务方向的学生

教材名称：《国际人才英语教程》（初级）

二、课程设计方案

（一）课程定位

国际人才英语（初级）这门课程是西方语言学院以国家对于国际人才的培养目标为指导，针对英语专业国际事务方向开设的一门独具特色的专业必修课。该课程与国际人才英语考试的理念一致，主要培养学生国际人才应具备的核心素养——英语沟通能力。"英语沟通能力"是指运用英语完成各类沟通任务的能力，主要由三个维度体现：

（1）国际视野与协商合作能力。国际视野是指学生能立足本国，放眼全球，了解世界历史和当今国际社会，关注世界性问题和人类的共同命运，了解世界不同文化，以开放的姿态进行国际交流与合作，是全球化背景下所具有的知识、能力和素质的综合体现。协商合作能力是指学生应具备团队合作、发展共赢的意识，通过摆明事实，交换意见，团结协作，从而与他人共同解决问题的能力。

（2）分析问题与解决问题的能力。学生能运用相关知识，用逻辑的、系统的、有序的方法发现、分析、解决现实工作中出现的问题。

（3）跨文化理解与表达能力。学生能理解和尊重不同国家、民族以及群体的文化差异，并跨越这些差异进行有效沟通。

（二）课程目标

1. 时长及总体目标

国际人才英语（初级）课程时长为一个学期，32 学时，总体目标为培养初步具备国际视野、通晓国际规则、能够参与国际事务和国际竞争的国际化人才。

2. 语言目标

能够提高学生的职场英语语言产出技能。在英语口语表达方面，表达流利（发音清晰、语流连贯），词汇、语法准确，句式灵活，表述得体，内容紧扣主题，充分完成任务要求，条理清晰，阐述充分。在英语书面表达方面，用词准确，句式灵活，语法正确，条理清晰，衔接自然，行文流畅，格式规范，内容紧扣主题，充分完成任务要求，有丰富的细节支撑，信息准确。总体目标是学生最终能够顺利地完成职场情境下的英语口语产出任务和写作产出任务。

3. 育人目标

坚持全面育人观，即实现全员、全过程、全方位育人。培养学生的国际视野、全球公民意识和社会主义理想信念，践行社会主义核心价值观，不断弘扬和传承中华优秀文化，争做德智体美劳全面发展的社会主义建设者和接班人。

（三）课程内容与育人目标的融合

本课程在授课过程中，主要突出隐性思政教育，实现语言与育人的融合发展。教学中注重中西方文化比较，引导学生以英语表达中国文化，鼓励学生讨论近年来中国文化在世界上广泛传播的案例，加深对本国文化的理解，提升文化自信，激发学生的爱国情怀和民族自豪感；加强商业道德与商业法律的学习，注重道德与利益的平衡，树立德重于利之理念，做到做事要实、做人要实；在任务设计上，将中华优秀文化载体作为营销主题，例如推广剪纸、茶叶、瓷器、玉器、丝绸等，实现文化交流与商务交流双向互动。

三、单元设计方案

（一）单元教学目标

1. 语言目标

（1）学会多渠道获取关于相关公司基本信息的技能；

（2）掌握两种对比分析报告的结构，掌握使用过渡词和短语进行比较与对比分析，使得职场英语表达更具有逻辑性；

（3）呈现不同信息时，能够准确使用动词时态；

（4）掌握公司比较报告的撰写方法，并独立完成写作任务，培养其分析问题与解决问题的能力以及表达能力；

（5）能够用英语讲述中国移动支付的发展及对世界的贡献。

2. 育人目标

（1）通过"中外吃火锅"案例，引发学生思考，设置小组讨论，讨论中外文化差异，让学生了解如何在职场特定情况下利用跨文化交际策略解决中外文化冲突问题，让学生在具体案例中理解"和而不同"的内涵精神；

（2）培养学生从各种渠道获得相关公司的基本信息的技能，了解不同文化中不同的企业价值观、企业精神、企业使命等，拓展其国际商务视野；

（3）通过阅读补充材料，令学生深入了解移动支付发展的背景环境，进行中外对比，展现中国雄厚的实力，激发学生的爱国主义情怀和民族自豪感。

（二）单元教学过程

1. 主要内容

本单元和下一个单元围绕着同一个职场任务展开，即 Anne 和陈明要收集关于三个备选的赞助公司的信息，联系选定的公司并进行实地考察。本单元分为五个板块：Starting up 给出本单元的学习目标；Taking in 通过当面采访和访问公司主页的方式来收集公司主要信息；Building up 熟悉比较分析报告的两种结构；Carrying out 在前几个步骤的基础上写出关于三个公司基本情况的比较分析报告；Looking beyond 提供了关于中国移动支付的拓展资料。

2. 课时分配

本单元的教学过程分为两个阶段共四个学时，第一阶段（2 学时）主要教学任务为培养学生信息获取和技能构建的能力；第二阶段（2 学时）主要指导学生进行任务实践和扩展阅读以开拓视野。

3. 设计理念与思路

在本单元的版块设计上，遵循"产出导向"教学法，体现"驱动-促成-评价"的教学流程，如图 1 所示：

图1 "驱动—促成—评价"教学流程

基于以上思路，本单元的教学设计如下：在 Case briefing 板块，以视频的形式呈现职场情境，带入人物角色，分析待完成的职场任务的两个关键环节，通过引导学生完成练习和活动，帮助学生充分理解职场任务的内容和要求，从而激发学生的学习兴趣；在 Starting up 板块，根据职场情境提炼单元主题，明确单元学习目标和单元产出任务，帮助学生梳理所要掌握的学习重点；在 Taking in 板块，提供多元形式输入，包括 Viewing/Listening 和 Reading 两个部分，内容与单元产出任务紧密相关，配合一系列活动，使学生在完成活动的过程中，有选择性地学习对完成产出任务有帮助的内容信息；Building up 板块包括 Preparing for the structure、Sharpening the skills 和 Developing the strategies 三个部分，从语篇结构、语言技巧、交际策略三个层面提供完成单元产出任务所需要的语篇技巧，引导学生在完成练习和活动过程中积极探索、发现和总结所需要掌握的相关技巧和策略；Carrying out 为任务实践板块，通过分步骤讲解，引导学生综合运用单元所学完成单元产出任务，实现学以致用，有效产出，从而完成 Case briefing 提到的职场任务的关键环节；Looking beyond 板块补充与单元主题相关的不同形式的输入材料，帮助学生在提高沟通能力、思辨能力和跨文化交际能力的同时拓展视野、提升人文素养。

4. 单元教学组织流程

本单元内容分两次课共四个学时完成，具体的教学流程如图 2 所示：

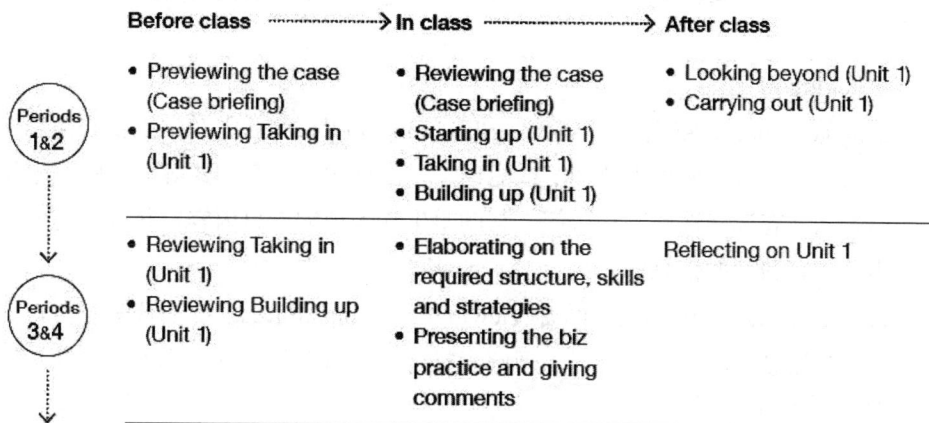

图 2　教学流程图

（1）第一次课

1）课前

首先，通过在"云班课"平台上发布"中外吃火锅"案例，设置"头脑风暴"，引发学生思考：

外国的一家公司和中方的公司在中国进行商务谈判。中午，中方安排外国人吃非常具有中国特色的火锅。吃饭的时候，一名中国员工用筷子夹起一块肉，外国人非常奇怪又略带嫌弃地问他："How could you know this is yours?"（你怎么知道这就是你下到锅里的那块肉呢？）这名中国员工被问得一头雾水，觉得自己被冒犯了，就语气很生硬地回问了一句："How could you know this is not mine?"（你又怎么知道这块肉就不是我刚刚下入锅中的那一块呢？）场面顿时陷入尴尬。假设你是中方领导，你应该如何去化解这种尴尬的局面？你应该如何说、如何做呢？

设置小组讨论，讨论中外文化差异，让学生了解如何在职场特定情况下利用跨文化交际策略解决中外文化冲突问题，让学生在具体案例中体会并理解"和而不同"的内涵精神。

其次，布置任务让学生预习 Case briefing 和 Taking in 的内容，了解职场任务的两个关键环节，激发学生的学习兴趣和学习动机。

2）课中

I. Lead-in Activity

基于课前在"云班课"上发布的案例，给予学生相应的反馈并由此引入课堂教学内容。

II. Taking in

Language focus：重点介绍 Viewing/Listening 和 Reading 中对学生获取信息构成障碍的语言难点，例如重要词汇或短语、语法结构、复杂句式等。教师可根据学生语言水平有选择性地进行讲解，帮助学生深入理解素材内容，获取对完成单元产出任务有帮助的信息。

Tips for listening/reading：结合 Viewing/Listening 和 Reading 的体裁特点，提供听力和阅读技巧讲解，帮助学生理解素材内容，引发学生独立思考与判断。

III. Building up

Structure extension：从交际目的、交际对象、语篇特色三个层面分析单元产出任务的语篇结构，提炼单元产出任务的语篇特点，为学生完成单元产出任务提供语篇结构知识。

Skills extension：补充讲解学生用书中提到的语言技巧，提供更多功能性表达和技巧；进行拓展讲解，深入讲解语言技巧的使用场景或交际效果，为学生完成单元产出任务提供语言技巧支持，提升职场交际能力。

Strategies extension：引申讲解学生用书中提到的交际策略，分析交际策略的应用场景，说明交际策略的重要性，深入讲解交际策略该如何使用以及注意事项，为学生完成单元产出任务提供交际策略支持，培养学生的职业技能与素养。

3）课后

Assignment：要求学生完成 Carrying out 板块的六个步骤，即列出输入的信息要点、整理信息、形成表格、列出提纲、写出报告、检查修改。

（2）第二次课

1）课前

首先，在"云班课"平台上传补充视频资源（关于外国人眼中的中国移动支付），并在平台上发起"头脑风暴"，令学生结合实际针对以下问题进行讨论：

In the current situation, which way of payment do you prefer to use? Cash payment or mobile payment? Why?

What is your opinion of mobile payment?

学生通过积极思考、讨论、查阅资料，深入了解移动支付发展的背景环境，进行中外对比，了解中国雄厚的实力，激发学生的爱国主义情怀和民族自豪感。

其次，回顾上次课的要点，包括语言点、语篇结构知识和场景交际策略。

2）课中

IV. Lead-in Activity

基于课前在"云班课"上设置的"头脑风暴"给予学生相应的反馈并由此引入课堂教学内容。

V. Carrying out

Evaluation：教师针对上次课的课后任务，对学生完成的公司概况对比分析报告提供评价建议，帮助检验学生产出任务的完成质量。

Sample and comments：教师提供 Biz practice 的范例，并从内容信息、语篇结构、语言技巧、交际策略四个维度对范例进行评析。

VI. Looking beyond

➢ Data Talks

在这一部分中，拓展学生的眼界，通过《华尔街日报》等渠道收集数据，向学生进行表格、饼状图、柱形图等一系列的数据展示，用事实说明中国移动支付在世界上的地位。

➢ Video Talks

Tips for listening/reading：基于本单元的框架结构，从代入角色陈明的角度出发，去了解当下比较热门的移动支付方式。听材料之前，利用"云班课"平台，播放之前上传的视频，引导学生讨论相关的开放性问题，如"Please think about China's status of mobile payment in the wor ld and share your thoughts and feelings with us."。

让学生思考中国移动支付在世界上的地位以及中国对世界做出的贡献，根据问题和任务有针对性地获取材料信息，激发学生的民族自豪感与自信心，培养学生的爱国情怀。

➢ Case Talks

本部分引用"中国阿里巴巴集团（支付宝）技术支援印度 Paytm"的成功案例，引起学生的讨论，让学生通过该案例自主总结出中国智慧、中国创造和中国力量等关键词，使学生了解中国对于世界的贡献，也让学生明白习总书记所强调的"人类命运共同体"的概念，自己要努力变强大，要像祖国一样，为世界的发展繁荣贡献自己的一份力量。

➤ Creative thinking

结合本单元的话题和此板块补充的话题内容，教师为学生提供多维角度和观点，挖掘本单元的主题，展开话题讨论，帮助学生拓展思维，形成自己看待问题的视角、观点与见解，提升思辨能力。

3）课后

Assignment：学生以小组合作的方式，从多渠道调查目前世界移动支付的现状，对微信、支付宝等电子支付方式的特点进行比较和对比，形成 300 词左右的总结报告。

（三）单元教学评价

1. 评价理念

本课程设计遵循"产出导向"的教学原则，形成"驱动-促成-评价"的教学流程，其中评价环节在教学过程中的 Carrying out 部分执行，与整体教学设计的关系如图 3 所示：

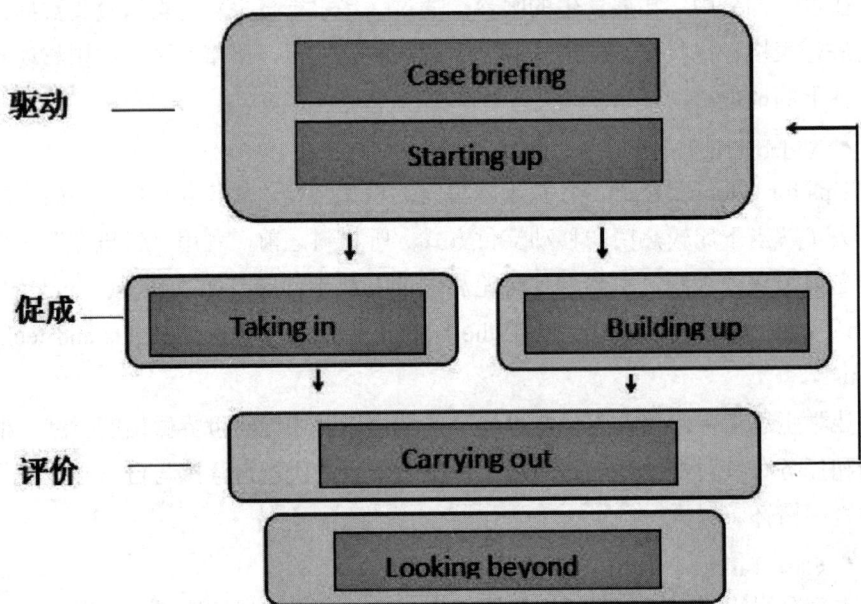

图 3 "驱动—促成—评价"教学设计关系图

2. 评价方式

在评价的环节中，以 Carrying out 的任务内容为基础，从几个维度来考察学生的学习效果：

（1）预判要点的能力。根据任务内容，学生是否能够根据具体的任务目标，列出实践过程中要注意的要点内容。这一环节主要检验学生是否形成了积极主动学习的意识。

（2）获取信息的能力。学生要根据上一环节列出的要点内容，进一步获取所需信息。这一环节可以检验学生动手实践的能力。

（3）总结、梳理信息的能力。在收集到大量信息的基础上，学生是否能够对信息进行及时地处理加工，将有效的信息梳理分类，最终以表格的形式呈现出来。这一环节可以看出学生对于信息的认知、理解和加工的能力，以及思维方式的形成。

（4）撰写文本的能力。如果前几个步骤完成都比较出色，那么到这一环节，学生在具有一定写作能力的基础上，就能够水到渠成地撰写出内容全面、条理清晰的信息调查报告。这一环节主要考查学生语言运用的能力。

（5）回顾反思的习惯。在完成对比报告之后，学生要对文本内容进行检查和反思。以本单元任务内容为例，学生要检验是否收集了所调查公司的历史、目标、发展过程的足够信息，所形成的对比分析报告语言是否清晰、是否有逻辑、是否恰当地使用过渡词语进行比较和对比，表达不同时期内容时是否应用了准确的时态等。这一环节主要培养学生检查反思的良好习惯。

四、教学反思及教学成效

（1）本课程在设计过程中需深刻理解知识传授与价值引领的关系，恰当地处理国际人才英语课程中的显性思政教育与隐性思政教育的关系，充分吸收和践行全课程育人理念，将职场英语语言知识、技能与思想政治元素充分结合，突出"课程思政"教学改革的理念，将"育人"贯穿于学生的语言能力与思辨能力发展的过程中。本单元在进行教学设计时，准确地把握了这一单元所蕴含的思政元素，将思政元素巧妙地融入教学活动中。

（2）本堂课依托教材设计"任务型"练习，以真实的职场情境和活动为载体，通过模拟国际化职场情境，深化学生对国际事务专业方向的理解，例如在"云班课"平台设置商务情境"中外火锅案例"，将学生带入情境，模拟角色，站在中方企业领导人的角度看待问题，在模拟指定角色进行职场交往过程中，习得职场礼仪规范，培养学生在职场中所应具备的道德素养和政治素养，并且在处理问题的过程中，提升其跨文化交际能力和分析问题与解决问题的能力，学会在国际交往中恰当地融入"中国智慧"，坚定文化自信，以自身的对外表现来向外国友人传递、彰显中国的大国风采。

（3）学生对于依据真实职场情境设置的模拟任务、依据实际情况设置的热门话题、头脑风暴等活动都十分感兴趣，取得了非常好的教学效果。例如在模拟任务中，学生能够完全将自己的身心融入其中，自觉主动地代入角色，积极努力寻找解决方案，展现了自己的智慧与修养；再如，在当今热门话题的探讨中，教师依据当下实际和教材相关资料，提出了"目前大家喜欢使用移动支付还是现金支付？为什么？你是怎么看待移动支付的？"的问题来引导学生进行发散性思考，进而引入课堂教学，非常自然地与教材进行过渡衔接，由于这个问题来源于生活，与学生的生活密切相关，所以学生十分具有话语权，可以非常顺畅地表述自己的所思所想，甚至还能够即兴地进行一场小型的"辩论赛"，课堂氛围十分活跃，课堂效率较高，教学效果和学习效果都十分理想。

（4）在以后的课程中，教师备课，可以多从日常生活中寻找灵感，从学生较为熟悉的身边小事入手或者以学生较为熟悉的事物作为课堂的切入点，学生的反馈会非常积极而且准确，这样的课堂往往会取得事半功倍的效果。

广告设计课程思政教学案例

单位：美术与设计学院　作者：贾忠峰

一、基本信息

课程名称：广告设计

授课对象：大学三年级学生

教学章节：第 1—2 章

使用教材：《广告设计》

二、教学目标

（一）课程教学目标

广告设计课程兼具理论性与操作性，针对课程的培养目标和特点，引导学生树立纪律意识、规范意识、创新意识，养成尊重宽容、团结协作和平等互助的合作意识，形成良好的职业道德和职业素养。

（二）思政育人目标

1. 设计思路

广告设计课程是视觉传达设计的一门专业必修课，广告设计课程是为培养从事广告设计与实施的应用型人才而设置。广告设计是介于社会学、美学与市场营销学边缘的综合性科学，既是一门科学也是一门艺术，随着商品经济的发展，将发挥越来越重要的作用。通过广告设计的学习，使学生具备广告设计的基础理论知识、程序和方法，把握不同广告媒体的特点与局限，了解广告传播方式以及制作与实施，能够运用视觉传达的基本原理和方法进行广告平面设计与绘制。

其中，公益广告具有社会的效益性、主题的现实性和表现的号召性三大特点，与思想政治教育在理论、政策、传播上高度吻合，二者有内在的逻辑关联，均属于信息传播活动范畴，是人格塑造、品德培养、个性发展、社会服务的有效途径。广告设计作为有效引导思想政治教育传播的一种全新载体，拓展了思想政治教育的内涵和外延，思想政治教育则为广告提供行动指南和精神动力。

2. 思政育人目标

（1）培养学生树立正确的道德观念，争做守法公民，强化学生正确的世界观、人生观、价值观。

（2）传承中国传统文化与中华美德，建立学生的文化自信，培养学生感受美、表现美、创造美的能力，引领学生正确的审美观念，陶冶高尚的道德情操，培养深厚的民族情感，激发想象力和创新意识。

（3）深化学生的法律意识，提高法治素养，保障学生的全面发展，避免不良的社会行为。

（4）融入原创精神，培养技术型人才，加强塑造学生创意设计思维能力以及独立自主的能力，并结合人才培养方案，使学生进一步提升自主、自强的精神，培养青年成才。

（5）强化创新创业精神，潜移默化地引导学生的新思维。为确保达到课程思政同向同行的要求，分别从知识目标、素养目标、能力目标融入多种思政要素。在知识目标中，加入《中华人民共和国广告法》的渗透；素养目标中，融入文化自信、审美素养、职业道德和职业素养、责任意识和工匠精神等要求；能力目标中，强化学生的创造思维能力，培养学生工作、学习的主动性，加强独立自主精神。

3. 育人主题

课程思政教育元素：

（1）核心价值观——诚信：守信、说老实话、办老实事、做老实人。

（2）核心价值观——法治：依法治国、以德治国、权利意识、责任意识、纪律意识。

（3）核心价值观——文明：以人为本、物质文明、精神文明、政治文明、社会文明、生态文明、社会秩序、国家软实力、国民素质、科学精神、人文精神、工匠精神、优秀传统文化、社会风尚等。

（4）核心价值观——和谐：和谐社会、真善美。

三、教学实施过程

（一）教学理念

本课程的教学理念致力于让学生了解本专业前沿知识，掌握广告设计的基本规律和实践技能。熟悉设计法则，培养学生审美素质，提高学生广告作品的鉴赏能力和创造能力。通过课程思政学习培养学生遵守行业法规，诚实守信、遵纪守法。

（二）教学内容

1. 课程教学内容设计（第一周）

教学内容：广告设计概述，广告的市场定位、策略及设计流程。

教学重点和难点：广告定义与分类、市场调查的重要内容；广告设计的市场定位、策略与设计流程结合课程内容融入【思政 1：诚信】。

【案例 1——结合课堂要求，引导学生学习应该从诚信起步。诸如，上课考勤、平时作业、课程结课作业等都应该按照课堂的要求，不弄虚作假，诚实守信。】

2. 课程教学内容设计（第二周）

教学内容：广告设计的构成要素。

教学重点和难点：广告图形、文字、色彩的设计规划。

结合课程内容融入【思政 2：法治】。

【案例 2——结合课堂要求，让学生了解国内外相关的广告法律法规，树立责任意识、纪律意识。与此同时，展开公益类广告设计作品的作业布置与指导。】

3. 课程教学内容设计（第三周）

教学内容：广告设计的创意，广告设计的表现手法。

教学重点和难点：广告设计创意的过程、步骤以及创意方法；广告设计的艺术表现手法，广告设计版面的编排原则、方法及类型。

结合课程内容融入【思政 3：文明】。

【案例 3——结合课堂要求，培育学生社会主义核心价值观之文明德育元素，结合广告创意及表现等内容，展开公益类广告设计作品的作业布置与指导。】

4. 课程教学内容设计（第四周）

教学内容：广告的分类设计实战法则，包括招贴广告；报纸、杂志广告；户外广告；网络广告等的设计法则。

教学重点和难点：掌握各种广告媒体在商业应用中的设计要点。

结合课程内容融入【思政 4：和谐】。

【案例 4——结合课程思政课堂的要求，让学生了解社会主义核心价值观之和谐德育元素，结合广告媒体等内容，展开公益类广告设计作品的作业布置与指导。】

在教学方法上围绕"知识、技能传授与价值引领相结合""确立价值塑造、能力培养、知识传授三位一体"的课程目标，并结合课程教学内容实际明确思想政治教育的融入点，以社会主义核心价值观理念为主题，理论与实践相结合、寓教于乐的教学形式展开本课程的学习。

四、教学效果

（一）案例开展的意义和价值

课程思政的意义就是要发挥思想政治教育的作用，在课堂教学中充分理解课程与课程思政相辅相成的有机内涵以及丰富的内容，以专业知识传授和育人为目标，培养德才兼备、全面均衡发展的人才。教师在教学过程中积极发掘专业学科知识体系与德育知识体系的融合点，做到顺理成章，不是生搬硬套、牵强附会。以生动案例为教学素材，使学生愿意参与其中，润物无声地开展课程思政教育。

课程思政是高校思想政治教育的重要组成部分，坚持社会主义教书育人的导向，充分体现社会主义的大学教育特色，通过课程思政体系建设挖掘课程的价值意蕴，切实把教书育人落到实处，确保人才培养目标顺利实现。恰当的教学设计和教学方法使本课程的专业知识有效转化为社会主义核心价值观理念呈现的有效载体。在教学过程中贯穿正确的理想信念、价值取向、社会责任、家国情怀等，从而实现德智体美劳全面发展的社会主义大学育人宗旨。

（二）主要成效和特色

本课程积极将专业知识实践学习与思想政治教育相融合，实践作业层面以公益广告（社会主义核心价值观理念内容）为创作主题之一，巧妙地将课程思政融入其中，然后在教学过程中教师进行相关经典公益广告的赏析，富有针对性的案例展示，以及从图形设计、文字设计、色彩设计等方面讲述了公益广告的设计原则和要求，使本门课的教学内容层次分明、丰富多样，寓教于乐，学生的学习积极性高涨。

在本门课程结束后，在美术与设计学院党政领导班子、系部主任大力支持与关怀中，教学团队的通力合作下，师生们一起积极展开"百年薪火，大美载道"美术与设计学院庆祝中国共产党成立一百周年暨课程思政主题创作系列活动之"社会主义核心价值观"广告招贴作品展。本次展览得到学校领导、全校广大师生、社会人士等的认可和好评。

学校王志浩书记参观广告设计课程思政作品展览并指导

学校教学副院长程爽教授及相关部门领导参观广告设计课程思政作品展览并指导

美术与设计学院领导班子成员参观广告设计课程思政作品展览并指导

广告设计课程思政作品展览现场

五、案例反思

本门课程积极践行习近平新时代中国特色社会主义思想为指导的高校课程思政，以习近平总书记关于教育工作的重要论述为根本遵循，落实立德树人根本任务，构建德智体美劳全面培养的教育体系和高水平人才培养体系。教师团队结合广告设计课程的特点，展开有针对性的课程思政教学，将思想政治教育有机地融入课程的教学和改革，实现知识传授与价值引领的有效结合，实现立德树人的润物无声，进而实现培养社会主义建设者和接班人，培养一代代拥护中国共产党领导和我国社会主义制度、立志为中国特色社会主义奋斗终身的有用人才的教学目的。充分发挥广告设计中"公益广告"在弘扬主旋律、树立好形象、传播正能量等方面的积极作用。在教学中取得了一定的成效。

在今后的教学过程中将进一步修正存在的问题，及时探讨更有针对性的教学改进方式方法。如：

（1）将课程思政内容进一步做实，杜绝生搬硬套，强化寓教于乐、贴近学生的日常生活，开展丰富多彩的教学活动，营造愉悦的课堂氛围，使学生学会思辨，并认识到课程思政教育的重要性。

（2）不断更新相关学习资料，进行互动性的问题讨论教学环节。

（3）课后注重持续关注学生，关心学生，积极与学生进行思政课程交流。

六、学生部分作品及社会价值佐证

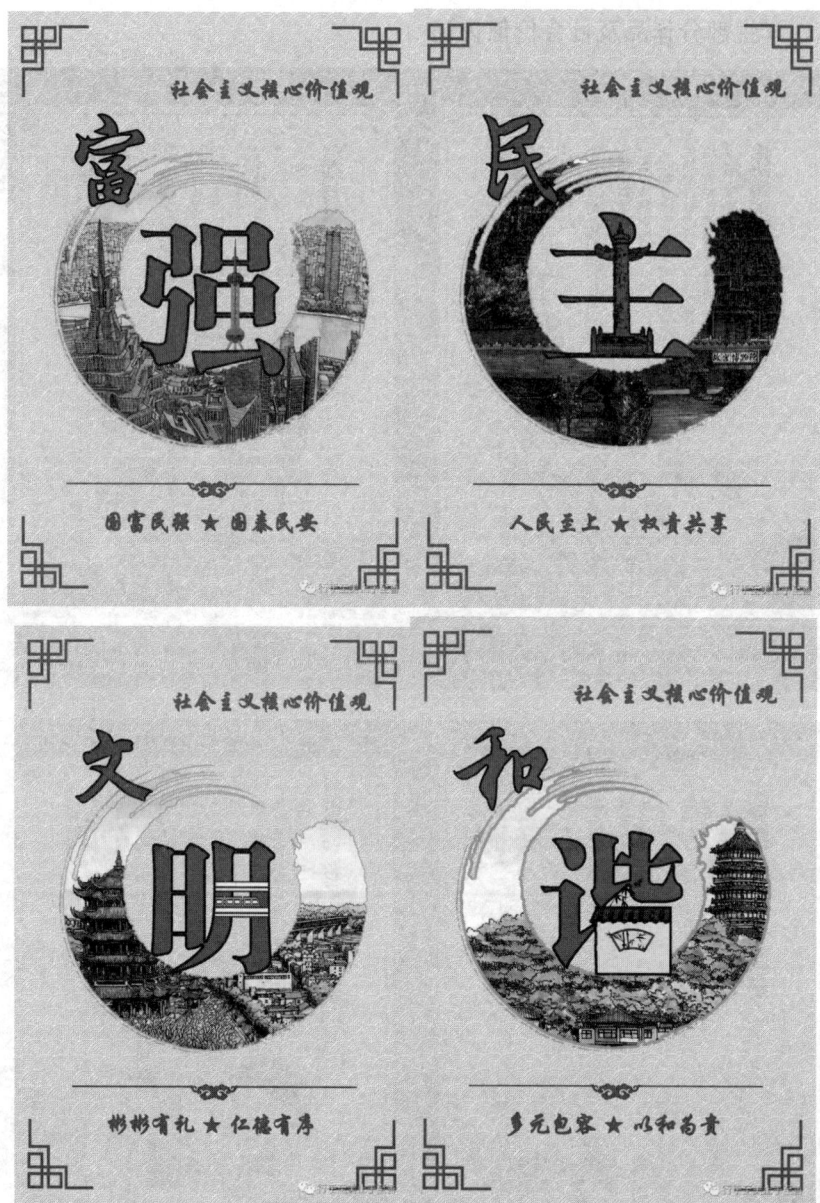

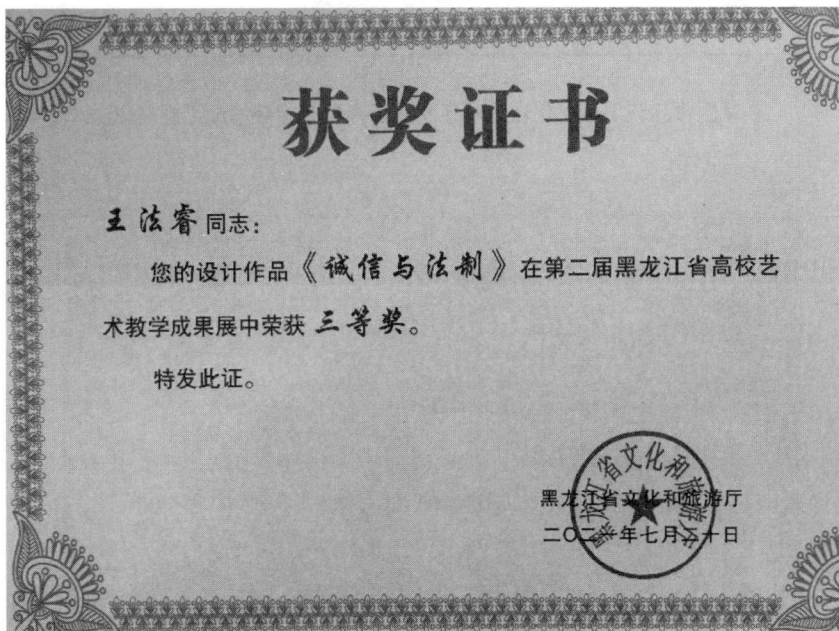

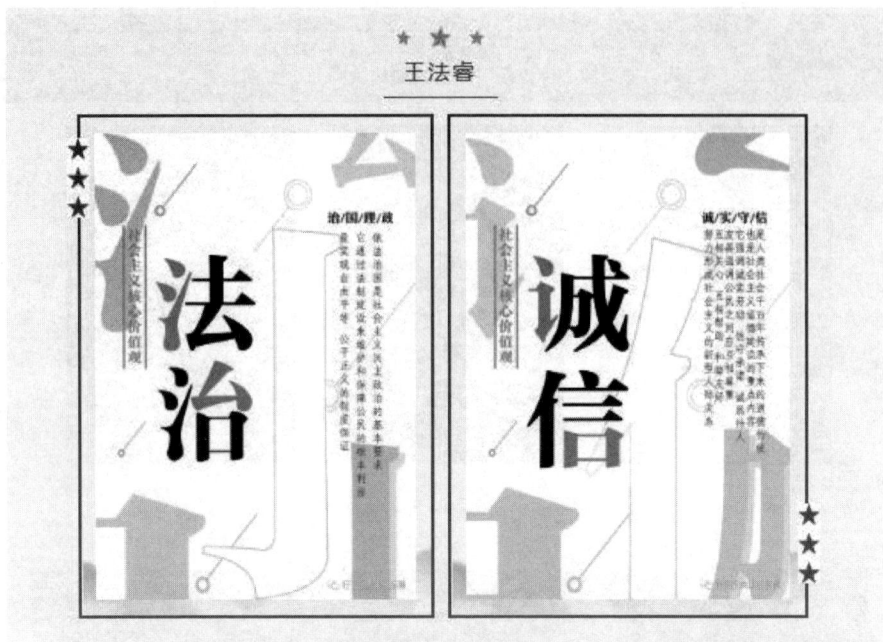

学生作品获得省文化和旅游厅黑龙江高校艺术教学成果展奖励

器乐合奏课程思政教学案例

单位：音乐与舞蹈学院　作者：李鑫春

一、基本信息

课程名称：器乐合奏

授课对象：器乐表演专业学生

教学章节：《庆典序曲》D 调部分

使用教材：《民乐合奏·重奏曲精选》

二、课程思政教学改革整体设计思路

本课程着重培养学生具备与他人合作演奏音乐作品时所必须具备的协作、团结能力，培养学生在器乐合奏中的音准把握能力、音色的融合能力与音响的平衡能力以及在合作演奏中的自我控制力，培养学生对多声部音乐织体的听觉意识，培养社会需要的音乐演奏专业实用型的专门人才。

器乐合奏课将音乐基础理论课程、专业技能课程以及乐队指挥法等课程资源有效地整合于一体应用于教学中。在学生现有的单独演奏技术水平上培养和提高学生的合奏、合作能力，在学校完成磨合期，同时学习和了解不同的合奏形式和组合，系统学习乐队知识，接触不同时期的优秀作品，通过学习红色作品（如《义勇军进行曲》《歌唱祖国》等）和有鲜明的时代标志的作品（如《走进新时代》《庆典序曲》等）进行学习，以及乐队的组建和训练方法，让学生在器乐合奏课中培养学生专业技能和爱国敬业、团结合作的思想意识。

高校思想政治教育承担着培养中国特色社会主义合格建设者和可靠接班人的重大使命。最大限度地发挥课堂教学的育人主渠道作用，是提升高校思想政治教育实效的关键抓手。器乐合奏课程在课程思政中，不仅教学过程中紧密结合器乐演奏基本知识要素、思想政治工作建设，同时结合中外器乐发展进行教学，让学生在重视器乐演奏技能的同时，了解不同时期的作品中不同的历史背景，并掌握声乐演唱的多种表现形式，音乐体裁等知识，从绚丽多彩的声乐作品中学习历史、了解社会、认识生活，成为具有一定音乐鉴赏水平的器乐演奏者，提高学生人文素质的修养和品位。

三、教学目标

1. 知识与技能目标

学生提升一定的乐器演奏能力，将音乐基础理论课程、专业技能课程以及乐队指挥法等课程资源有效整合于一体应用器乐合奏课教学，将第二乐器选修课程的教学成果应用于合奏课教学，中西器乐专业的学生融于一个训练团体，打破一贯"中为中用、洋为洋用"的课堂教学模式，升华为"中西合璧"的课堂教学方式，将器乐合奏表演多元化、融合化、全方位化。

2. 思想政治教育目标

让学生在器乐合奏课中培养学生的爱国敬业之德（爱国、敬业）、为人师表之行（敬业、平等）、与时俱进之品（敬业）和热爱学生之情（平等、诚信）。

四、教学重点难点

教学重点：不同于独奏的节奏、音准训练。合奏中的节奏不同于独奏曲中的旋律性节奏，多是各种节奏型的组合；音准不仅仅是独奏乐器的旋律音准，更是和声的准确度把握；合奏中各声部间的有机配合以及音色、音响方面的平衡。

教学难点：独奏的个性表现和合奏的共性体现，个性化的演奏风格与集体性的音乐表演如何融合；将合作演奏的理论、原则及法则等运用到合奏中，提升音乐艺术审美能力与舞台表演能力，使演奏打动人心。

五、教学过程

1. 调节乐器的音准（对弦）和基本节奏训练

（1）以声部为单位，各声部长负责声部成员的校音。

（2）集体进行基本节奏训练，然后抽查部分学生演奏。

2. 对乐曲进行分析讲解

（1）讲解作品的曲式结构和音乐风格。

（2）利用多媒体播放作品，让学生感受音乐风格。

3．乐曲排练

（1）让学生进行视奏乐曲。

（2）分声部排练，让学生了解各声部的旋律与节奏型。

（3）个别指导，对一些学生演奏时出现的问题及时纠正。

（4）集体慢速合奏，对节奏、速度、音准不到位的地方再放慢速度演奏，让每位学生都能掌握基本的演奏。

4．总结拓展

通过理论讲授、合奏、汇报表演等教学方式使学生在掌握演奏技巧的基础上，能够将所学知识应用于艺术实践之中，从而体现出本课程的教学效果，本课程着重培养学生对演奏技巧精益求精的工匠精神和同学间的友善合作精神，提高学生集体主义意识。将学生培养成为具有时代精神、民族精神的音乐专业人才。

六、教学反思

实践教学以排练和艺术演出为主，通过排练和演出过程的教学，使学生能够掌握演奏技术、舞台经验，提高同学间的协作、团结能力并灵活运用到自身以后从事的教学工作中，真正达到理论与实践紧密结合这一教学效果和目的。

存在问题：由于招生计划没有细化乐器种类招生人数，导致合奏课所需乐器种类分布不均，有的乐器声部甚至缺失，直接影响了教学的开展与教学效果。目前地方高师院校生源质量不容乐观。一部分学习器乐专业的学生接触乐器晚、学习时间短，加上学生的专业理论基础十分薄弱，在理解作品内涵时比较困难，音乐感觉不能充分展示出来，给器乐合奏这门课程的教学造成了一定的困难。

解决办法：针对实际情况，根据现代高师院校教学的要求，在教学过程中要打开思路，充分发挥教师的想象力和创造力，在专业技能培训中最大限度地激发学生的潜能，加大实践活动和课堂教学的结合强度，让学生能够在参与的同时提升自己的专业技能，技巧课与合奏课上应用多媒体技术，提高器乐专业教学效率和质量。课下让学生多听多看专业乐团演奏的作品，欣赏后在一起进行交流心得体会，培养和提升学生的专业鉴赏能力。

七、教学成效

紧密联系音乐基础理论课程，增加调动学生学习的主观能动性，激发学生创造力的课程内容。将舞台表演实践发展为器乐合奏课程课堂教学的延伸，同时将学生的舞台实践表演（专业汇报音乐会、社会实践演出、毕业音乐会等）的实际表现作为考核标准之一。打造学生乐团。建设以民族管弦乐团、西洋管弦两个乐团为核心，其他类型组合表演团体（如：民族地方乐种演奏组合、新民乐组合、电声乐队组合、室内乐组合、打击乐组合、重奏组合等）为补充的器乐表演团队。

大学英语读写 1 课程思政教学案例

单位：西方语言学院　作者：王丹丹

一、基本信息

课程名称：大学英语读写 1

授课对象：2020 级非英语专业大一学生

教学章节：第 4 单元第 1 讲

使用教材：《新视野大学英语读写教程（思政智慧版）1》

二、课程思政教学改革整体设计思路

大学英语课堂教学时间短暂，无法兼顾知识学习、技能训练和思想升华，如果知识性内容占据过多的课堂时间就会导致技能训练和语言实践的时间不足，培养学生思维和思想升华的批判性讨论过少。如果只强调技能训练和思想升华，不给学生讲解新知识、新技能，则会致使学生因缺乏足够的语言输入而无法有效地进行语言输出。现阶段，手机已成为学生的生活必需品，课堂上使用手机的现象比较影响教学效果和学习质量。学生本身缺乏自主学习意识，自主学习动力不足，自控能力差。以上均为大学英语教学过程中亟待解决的问题。

大学英语读写 1 课程坚持"以学生为中心、以产出为导向、以交际互动为原则"，课堂教学中融入课程思政与最新时事新闻，运用讲授法、任务型教学法、讨论法、互动式教学法等多种方法，通过教师讲授、小组任务、合作讨论、问题互动等方式，实现语言和思想的输入与输出，促进学生知识的吸收和转化。课外使用 U 校园、批改网、云班课等智慧教学平台，布置学习任务，指导学生利用课余时间进行自主学习，从而拓展了学生有效的学习时间和空间。本课程所选用教材的文章均为国外原版语料，授课过程中结合本国国情适当增加与文章主题相关的中国语料，通过中西语料的对比，以期提升学生的文化自信，增强学生的爱国情感，实现课程思政的育人目标。

三、教学目标

1. 知识目标

（1）学会使用文中词汇和短语对文章主题"英雄"及"英雄精神"进行表述、应答、讨论等语言输出活动；

（2）理解课文大意、段落结构。

2. 技能目标

能够运用"问题—举例—总结"的段落写作技能。

3. 思政目标

（1）辩证看待中西方文化中英雄主义的异同；

（2）培养感恩英雄、理解英雄的意识；

（3）思考在危难之时，普通人应如何勇于担当，践行英雄精神。

四、教学重点难点

1. 教学重点

文章内容和英雄精神的内涵和外延；段落写作技巧：问题—举例—总结。

2. 教学难点

理解当代中国英雄精神的内涵和外延。

五、教学过程

1. 课前准备

（1）U 校园上发布本次课的产出任务：运用核心词汇以"Heroes in my heart"为题，运用"问题—举例—总结"的写作技巧，完成一篇作文。

（2）U 校园上布置自主学习任务：学习本单元的单词和短语；预习课文，包括朗读和翻译。

2. 课堂教学

（1）复习检查

• 以小组为单位口头汇报第三单元的主旨大意和对课文主题的反思。

• 云班课上进行第四单元重点词汇自主学习情况在线测试。根据测试结果，对错误率较高的题目和词汇进行重点讲解。

（2）新课导入（主要包括问答、观看视频和讨论三个部分，通过视频信息的输入和讨论潜移默化地进行思政教育）

• Q&A: Who are the heroes in your mind? And why?

• Video Watching: Chinese Spirit

• Discussion: What people are mentioned as heroes in China?

Why are they regarded as heroes?

（3）课文理解（1—4 段）

• 问题互动：通过以下问题引导学生理解课文（1—4 段）的主要内容

Q1: What thesis statement does the author make about heroes today?（Para.1）

Q2: What question does the author raise afterwards?（Para.1）

Q3: What examples of heroic deeds does the author provide in Para. 2 and Para. 3?

Q4: What did they do?（Para. 2 and Para. 3）

Q5: What conclusion does the author draw from the two examples of Tucson Shooting?（Para. 4）

• 主旨大意：

Civilian heroes are those who acted instinctively with courage and grace when caught up in extraordinary circumstances.

（4）思辨讨论（通过讨论引导学生反思自己的行为，同时润物无声地开展课堂思政）

• 讨论内容：1—4 段通过具体事例论证了何为 Civilian heroes（平民英雄）。但是文章中有关平民英雄的事例都来源于国外，对比我们自己的国家，对英雄内涵的理解是怎样的呢？有哪些具体的事例呢？作为普通人的我们在生活中如何践行英雄行为呢？通过观看视频，组织学生讨论以下问题：

What's the new connotation of Heroes in China?

What should we do to be a Novel Hero?

• 讨论总结：

Heroes and role models once again demonstrate with their actions that greatness comes out of the ordinary. Adhering to firm ideals and convictions and working tirelessly to have their jobs done, every ordinary person can have an extraordinary life and every ordinary job can produce extraordinary achievements.（英雄模范们用行动再次证明，伟大出自平凡，平凡造就伟大。只要有坚定的理想信念、不懈的奋斗精神，脚踏实地把每件平凡的事做好，一切平凡的人都可以获得不平凡的人生，

一切平凡的工作都可以创造不平凡的成就。）

——习近平 2019 年 9 月在国家勋章和国家荣誉称号颁授仪式上的讲话

（5）写作技巧（"问题—举例—总结"模式）

In order to make a point clear, the author usually raise a question first, and then provides one or more examples to illustrate the point. Finally, a conclusion is made as a generalized answer to the question. Paras. 1-4 is organized by following this pattern.

Let's do a simple exercise about it by reading Paras. 9-12 and locate the question, example and conclusion respectively.

Question: Para. 9

Example: Paras. 10-11

Conclusion: Para. 12

（6）总结和作业

·总结：1—4 段主旨大意和段落结构，写作技巧，单元主题的升华等。

·作业：以"Heroes in my heart"为题，运用"问题—举例—总结"的写作技巧，完成一篇 120 词左右的作文。

3. 课后任务

课后学生通过批改网提交作文的初稿完成自评，根据批改网的修改意见进行修改，形成二稿，然后对二稿进行组间互评，形成三稿，最后将三稿汇总，提交至教师。

六、教学反思

本单元 Text A "Heroes among us" 主要讨论了什么样的人被称为英雄。课文所涉及内容均为外国英雄的案例，如美国枪击案中救助受害者的丹尼尔、勇救妻子的多利、多伦多市尽职尽责的罗素警官、南非总统曼德拉等。语言是文化的载体，外语的背后是外国的文化和价值观念；如何帮助学生认识到思想文化与语言知识之间的关联，培养学生的批判性意识、爱国情怀，树立文化自信和制度自信，这些都是本单元必须面对的问题。

通过学习本单元有关描述紧急事件、具体动作、心理描写以及与主题有关的词汇和短语，听懂有关英雄主题和中国精神的影音材料，增加学生的情感体验，加深学生对课文主题的理解。课中环节通过问题引导学生深入理解课文的内涵，结合课文具体内容组织学生进行思辨性讨论，让学生思考不同时间、不同空间、不同行业之中，人们对英雄的不同定义。引导学生理解英雄人物对国家和社会的重要作用，强化学生对英雄人物的认同感，从而捍卫英雄的尊严、名誉和荣誉。通过整合教材的课后写作题目，本单元的写作产出任务"问题—举例—总结"型作文能及时反映学生对语言表达和写作技巧的掌握情况，呈现学生的思想动态，从而有助于对学生进行树立正确英雄观的引导。

但是产出任务的布置还是缺乏设计，题目较为宽泛、抽象，可以将其具体化为结合本校的特色——东北抗联和师范院校的特点以及当前中国国情，引导学生深入思考和写作东北抗联英雄杨靖宇、赵尚志、赵一曼，教师楷模张丽莉、张桂梅，逆行的抗疫医护，阻敌入侵的戍边战士等可歌可敬的英雄人物。由此启发学生：国家的兴盛、繁荣稳定离不开无数个先烈与英雄，民族英雄是中华民族的脊梁，是激励我们前行的强大力量；我们要铭记英雄、崇尚英雄、捍卫英雄、学习英雄、关爱英雄；作为普通人，如果心中有善、有爱、有责任担当与助人之心和实际行动，也能成为普通人中的英雄。作为师范专业的大学生，更加坚定学习专业知识的信念，明确目标，增强社会责任感和教书育人的使命感，为将来从事师范行业增长才干、积蓄力量。

七、教学成效

本教学案例采取了线上线下混合式教学，取得了良好的教学效果，实现了教学目标。学生课前通过 U 校园学习本单元的语言点，课堂上在教师的监督下进行在线测试。该方法既可以帮助教师了解学生的自主学习情况和有重点地解决学生普遍存在的问题，节约授课时间，提升课堂教学效率，也可以培养学生的自主学习能力。课中学生能够运用合适的阅读技巧和学习策略完成与文章内容相关的问题和讨论；视频观看、互动式问答、小组讨论等活动在锻炼学生语言运用能力和培养学生独立解决问题能力的同时，加深了学生对当代中国英雄主义内涵的理解，培养了学生的家国情怀，实现了课程思政的目的。

广播节目策划与制作课程思政教学案例

单位：文学院　作者：宋明华

一、基本信息

课程名称：广播节目策划与制作

授课对象：广播电视学专业 2017 级学生

教学章节：第九章

使用教材：《广播节目策划与制作》

二、课程思政教学改革整体设计思路

1. 课程类别及性质

广播节目策划与制作是广播电视学专业必修实训课，2021 年第二批省级一流专业虚拟仿真课，2020 年校级思政课，2020 年校级虚拟仿真金课。旨在引导学生掌握现代广播传播理论基础知识及基本技能，融媒及智媒广播基础理论及技能。全方位开展校内外、线上线下实验实训活动，开展广播音频节目生产全流程模拟训练，使学生掌握广播音频节目创意策划、播音主持、采录编撰、剪辑制作、宣传包装、市场运营等各生产环节的知识与技能，带领学生探索融媒体时代广播音频节目创新发展新模式。

2. 课程思政改革指导思想

（1）引导学生树立融媒体时代新广播理念。探索当下及未来传媒行业亟需的融媒创新应用型人才培养路径。

（2）建立社会实践金课教学体系。在翻转课堂教学、社会实践教学中形成学生知识、能力、素质的有机融合。

（3）全程模拟传统广播/新媒体广播/融媒体广播节目生产制作运营机制。培养学生熟练掌握现代广播生产运营能力和新媒体创新创业技能。

（4）实践立德树人的课堂思政理念。培养学生中国媒体行业职业素养和舆论导向宣传把关能力，为党和政府培养合格的媒体宣传人才。

3. 要解决的问题

（1）课程思政教学顶层设计问题。在课程体系、教学目标、教学内容、教学评价等方面进行顶层设计，将思政教育融入课程教学和教学改革的各个环节。

（2）课内向课外思政教学实践拓展问题。以专业实践任务为驱动，从课堂理论教育向行业实践、社会实践拓展，增强专业实践与思政教学的针对性和实效性，提升学生的专业应用能力、创新能力。

4. 教学方法及途径

广播节目策划与制作课的课程教学力图在"课堂互动+课外拓展+实战实训+教师示范"中完成"立德树人、价值塑造、能力培养"三位一体的教学过程。具体教学方法为：

（1）课堂小班授课+案例分组讨论+课外拓展分享；

（2）牡丹江广播电台传统广播节目全流程生产制作实训考核；

（3）喜马拉雅平台先锋校园网络音频节目生产运营实训考核；

（4）抖音直播平台融媒体可视广播生产运营实训考核；

（5）教师在教学过程中的率先垂范、师德师风表现等潜移默化地影响学生的价值观。

5. 预期的成效

本课程全员、全程、全方位培养学生具备爱国主义精神、国际视野、新闻传媒人的职业精神和素养，熟悉国家宣传政策及舆论引导规律，使学生成为善于团队合作，勇于创新创业的党和人民亟需的融媒创新应用型媒体人才。

三、教学目标

1. 知识与技能目标

（1）宣传营销能力（节目转发量、观看量、粉丝点赞量数据）；

（2）内容策划能力（节目导向、主题选取、内容编辑、音乐与道具使用、环节设计衔接、直播流畅度）；

（3）出镜主持能力（主持风格、着装仪容、普通话语音与吐字发声、语言流畅度、个人价值观与媒体素养呈现、现场气氛调控与话题走向控制）；

（4）现场采访能力（问题设计与效果、现场互动与控制）；

（5）技术实现能力（直播信号稳定度、PK 和连线的实现与控制、画面清晰度、声音音量控制）；

（6）团队协作能力（主播与嘉宾主持合作默契度、节目整体呈现、主播与班级同学互动控制、播出事故处理）；

（7）创新思考能力（话题策划与展开、节目呈现评价、学生能力呈现评价、创新内容呈现与创新性建议提出、节目改进与提高）。

2. 思想政治教育目标

（1）培养学生树立新媒体时代的现代广播传播理念；

（2）培养传媒视听融媒创新复合型人才；

（3）培养学生爱国情怀、传媒职业素养、正确价值观和道德观、奉献精神与合作精神等。

四、教学重点难点

1. 教学重点

出境主持能力、现场采访交流能力、技术实现能力的锻炼。

2. 教学难点

在节目直播教学中完成本课程预设的知识与技能目标，即"提升宣传营销能力、内容策划能力、出镜主持能力"等，同时在节目策划及节目直播中完成思想政治教育目标内容，如"培养学生树立新媒体时代的现代广播传播理念，培养传媒视听融媒创新复合人才"等。

3. 解决方法

严格审核实验小组节目策划文案，指导学生删改到位；正式播出前督促学生加强节目彩排并指导改进；直播中特殊情况设有预备播出方案。

五、教学过程

课程主题：《抖音融媒体可视广播节目展播评价》

课程教学内容设计（第 1—90 分钟）

先锋校园广播公益直播节目"战疫正青春"周六栏目《一起抖抖爱情料》节目话题讨论——"两情若是久长时，又岂在朝朝暮暮"；主播与嘉宾、观众互动，观点辩论；实验小组节目总结、学生点评与建议、老师点评与总结。

结合课程内容融入【思政 1：富强——科学技术现代化；思政 2：民主——言

论自由；思政3：文明——精神文明、国民素质、工匠精神、社会风尚；思政4：和谐——和谐社会、真善美、和而不同、以和为贵；思政 5：自由——实践；思政 6：法治——责任意识、纪律意识；思政 7：爱国——爱祖国、爱人民、大局意识、民族精神、时代精神；思政 7：友善——包容、协作、团结、尊重、和气】具体分解如下：

【案例1——节目话题预热与导入】

1. 课程教学内容设计（第 1—10 分钟）

通过疫情期间代表性爱情故事（与我们年龄相仿的年轻人坚守一线推迟婚礼……）导入本期话题讨论。

结合课程内容融入【思政 3：文明——精神文明、国民素质、社会风尚；思政 4：和谐——和谐社会；思政 7：爱国——爱祖国、爱人民、大局意识、时代精神】

【案例2——主播与嘉宾、观众观点碰撞】

2. 课程教学内容设计（第 11—40 分钟）

节目主播采访嘉宾，嘉宾讲述故事，发表观点；主播和嘉宾就弹幕区观众观点进行评论。

结合课程内容融入【思政 2：民主——言论自由；思政 4：和谐——和谐社会、真善美、和而不同、以和为贵；思政 7：友善——包容、尊重、和气】

【案例3——嘉宾表演与书籍电影推荐】

3. 课程教学内容设计（第 41—60 分钟）

节目主播对节目观点进行总结；邀请嘉宾表演诗朗诵林觉民《与妻书》；推荐有关美好爱情的电影和书籍。

结合课程内容融入【思政 3：文明——精神文明、国民素质；思政 7：爱国——爱祖国、爱人民、大局意识、民族精神】

【案例4——节目总结评价会】

4. 课程教学内容设计（第 61—90 分钟）

节目实验小组总结经验与不足；同学们对该组节目提出意见建议；老师对该组节目进行评价，对实验小组总结与同学们评价进行点评，提出节目改进意见建议。

结合课程内容融入【思政 1：富强——科学技术现代化；思政 2：民主——言论自由；思政 3：文明——工匠精神；思政 5：自由——实践；思政 6：法治——责任意识、纪律意识；思政 7：友善——协作、团结】

六、教学反思

1. 知识与技能教学目标充分实现

（1）节目前期策划效果得到了很好的执行，直播前期准备充分。

（2）主持人话题深入浅出，生动活泼，吸引人，现场采访及技术掌控到位。与嘉宾互动适当，节目风格轻松自然，节奏把握适当。

（3）话题切口小，能引起大家的兴趣。班级同学的即时互动特别重要，使得节目话题得以延伸，给了主持人很好的启发。

（4）节目中嘉宾主持唱歌和互动观众诗朗诵加得好，增强了节目的娱乐性，符合抖音平台受众的欣赏习惯。

（5）节目之后小组自我总结到位，其他实验小组现场点评到位，节目问题反思深刻。

2. 思想政治教育目标充分实现

（1）节目现场各思政指标执行到位。节目直播成功，主题重大，选取抗疫故事、杨绛故事，时效性强、新闻性强，具有传媒专业节目特点。

（2）40 分钟节目层次感强，每一部分的爱国主义主题都很感人，波澜起伏，渲染得有技巧。

（3）主题选取有意义，符合节目要求，抗疫故事选取适当，整体节目弘扬爱国主义精神，弘扬正确价值观、爱情观，具有教育意义。

（4）节目符合国家网络舆论管理规定要求，学生全程模拟了准新闻把关人的政治导向宣传流程。

3. 课程不足之处

（1）学生播音吐字清晰度不够，调值不够。

（2）节目的开始有些啰嗦，时间掌握不够精确。

（3）同学们点评专业性应进一步提高。

七、教学成效

1. 研究成果

（1）论文《融媒可视化助力传统广播升级发展》（《编辑学刊》2021 年，核心期刊，独立）。传统广播亟待通过构建广播节目融媒可视场景等举措，将"传统可视化"传播升级为"融媒可视化"传播，以吸引移动视频端口的年轻受众。

（2）论文《"5G+AI"驱动东北城市广播融媒传播》（《中国广播》2020 年，国家级，独立）。东北城市广播可利用专业创意制播团队优势，规模生产智能音箱、车载端垂直音频产品等扩大地域品牌影响力，打造地方智能广播服务平台。

（3）教改项目《融媒可视广播节目虚拟演播实验》（省级一流专业虚拟仿真课程，2021 年，负责人）。在虚拟演播室中设置可视广播节目人机交互实验步骤，供学生进行模拟直播训练。本实验项目打破了时间与空间的界限，对广播主持人提出了规范服饰妆容形态及视频直播的更高要求，对高校传媒专业培养国家亟需的融媒可视广播人才具有重要意义。

（4）教改项目《广播电视学融媒体虚拟演播研究》（校级虚拟仿真金课，2020 年，负责人）。组织学生完成包括节目策划、节目直播准备、现场演播、融媒直播发布等在内的全流程广播电视虚拟演播训练。解决课堂实践教学不可逆、无法量化评估等问题，教师在实验过程中实现全程智能教学管理。

2. 实践教学效果

（1）本课程学生音频作品成功上线喜马拉雅播出。2020 年至今，学生创作的170 个音频节目通过喜马拉雅平台节目审核，成功上线播出，点击量 3 万多人次。

（2）助力校园抗疫，发挥舆论宣传作用。学生策划制作的 20 期"战疫正青春"系列融媒可视广播节目成功上线抖音直播平台；2020 年毕业季同学们期末考核作品：广播电视学抖音、微信双屏互动可视广播直播毕业云晚会——"战疫正青春"，一个半小时直播点击观看量达 31 万人次。

3. 大学生创新创业项目

《先锋广播剧社》（省级大学生创新创业训练项目，2020 年，独立指导）。以我国广播剧为主要研究对象，研究当下广播剧的传播方式与盈利方式；探索校园广播剧社团创作运营路径；设立广播剧社微信公众号、抖音号、喜马拉雅号进行广播剧创作、宣传与展示。

旅游文化学课程思政教学案例

单位：经济与管理学院　作者：韩竹

一、基本信息

课程名称：旅游文化学

授课对象：旅游管理专业本科生

教学章节：旅游建筑文化

使用教材：《旅游文化》

二、课程思政教学改革整体设计思路

本专题旅游建筑文化共分为两部分内容。

第一部分，中国古建筑文化解析，通过本部分内容，让学生了解中国古建筑的发展阶段，作为源远流长的中国传统文化的重要内容之一，建筑文化的发展历史体现了历代国人的家国情怀，通过学习增强同学们的文化自信。

第二部分，中国古建筑文化鉴赏在中国的历史上，在那个没有起重机、挖掘机，没有钉子、各种装饰胶的情况下，中国的古建筑能够屹立百年甚至千年，无惧时光荏苒、自然灾害，除了探寻其中的奥秘之外，让学生感受中国古人的聪明智慧与伟大而严肃的工匠精神，从而增强对伟大祖国母亲的热爱，加深对于中国古代文化的深层解读，提高学生的文化自信，厚植爱国主义情感，从而化为行动力，在学业中孜孜不倦，工作中兢兢业业，生活中乐于奉献，敢于担当，畅爽人生。

通过体会不同的建筑风格，让同学们体会历代最普通的劳动者的聪明智慧，感受他们的家国情怀，学习过程中养成以人为本的设计理念，引导学生养成认真负责的工作态度，增强学生的责任担当。

三、教学目标

1. 知识与技能目标

（1）知识目标：本章主要介绍作为重要旅游资源的中国古代建筑文化，要求学生了解中国古代建筑发展历史以及与中国民间文化的融合与发展；熟悉中国古代建筑的主要特点并掌握其基本构件及代表性作品；了解民间建筑的特点，熟悉民间建筑的主要构成和类型分布。

（2）能力目标：培养学生的审美能力和实践能力，能在一定程度上对建筑风格进行鉴赏，对文化价值进行分析。

2. 思想政治教育目标

通过不同的建筑风格，让同学们体会历代最普通的劳动者的聪明智慧，学习他们的家国情怀和工匠精神。学习过程中养成以人为本的设计理念，引导学生养成认真负责的工作态度，增强学生的责任担当。

四、教学重点难点

1. 教学重点

（1）中国古代建筑的主要特点、基本构件及代表性作品。

（2）民间建筑的主要构成和类型分布。

2. 教学难点

（1）掌握中国古代建筑的特征，并能在具体的导游讲解中熟练地介绍中国古代建筑的风格特点，以传承中国古代建筑艺术蕴含的博大的传统文化内涵。

（2）掌握中国民间建筑的基本知识，能够欣赏特色民间建筑的艺术内涵，并能艺术性、科学性地讲解中国民间建筑文化。

五、教学过程

旅游建筑文化专题

教学方法：多媒体应用（课件以及古建筑欣赏）；讲授法（教师富于情感的语言演绎）；小组讨论（同学们头脑风暴，思维碰撞）。

课程导入：中国古建筑是中国传统文化的重要组成部分。经过几千年的演变，中国古建筑形成了独具特色的建筑风格及文化内涵，与西方古建筑从形式到内容上形成鲜明对比。本专题将从中国古建筑的发展阶段、特征、类型、文化内涵等方面对中国古建筑做全面而深入的介绍，并通过对基本构件及具有代表性古建筑的鉴赏，进一步了解中国古建筑灿烂辉煌的文化特色。

本专题内容从教学设计的角度分为三部分，第一，对教材教学内容的基本讲解；第二，对中国建筑的典型代表进行鉴赏，鉴赏过程中进行小组讨论，讨论其建筑风格以及文化价值，碰撞思维火花，启迪心灵，从而对书本知识有进一步的了解，加强知识的扎实性以及应用型；第三，请每小组选取一个角度（或一条时间线或一个建筑物或一个构件），进行小组作业成果展示，即对本专题所讲内容进行消化吸收后的输出，从而达到巩固新知、教学相长。

项目一　中国古建筑文化解析

建筑是一个广泛的概念，可以泛指在不同时空范围内基于居住、交通、军事、宗教等原因修筑的所有工程设施。作为人类基本实践活动之一，建筑也是人类文化中的重要组成部分。中国古建筑则是指我国古代所建造的各类建筑物，它最初或是源于人们居住的需要而产生，随着时代的发展，逐步融入了科技、文化、艺术等诸多因素，体现了各个时期我国物质文明与精神文明发展的重要成就，成为中国传统文化中的重要内容。

1. 中国古建筑发展阶段

中国古代建筑的历史悠久。在遥远的原始社会，人们出于安全的需要，将天然岩洞作为居住住所；再后来，则出现了有巢氏"构木为巢"的故事，人们已不再简单地在自然界寻求庇护的地点，而开始自己动手搭建居所。可以说，这是我们祖先进行建筑探索和实践的开始。

（1）中国古代建筑的雏形时期——原始社会；

（2）中国古代建筑的成型时期——阶级社会；

（3）中国古代建筑的发展时期——秦汉以后；

（4）中国古代建筑的成熟时期——隋唐；

（5）中国古代建筑的转型时期——五代、宋辽金；

（6）中国古代建筑的集成时期——明清。

思政元素：此部分让学生体会中国古建筑发展历史源远流长，建立清晰的历史脉络，文化自信的前提和基础是了解、熟知而不是盲目，所以，必须对此部分内容铭记于心。

2. 中国古建筑的特征

（1）以木材、砖瓦为主要的建筑材料，以巧妙而科学的木框架式结构为主要结构方式；

（2）庭院式的组群布局和均衡整肃的对称格局；

（3）中国古建筑造型优美，尤以屋顶造型最为突出；

（4）中国古代建筑装饰丰富多彩，拥有种类繁多的附属建筑；

（5）中国古代建筑深受中国传统文化影响，注重与环境的协调关系。

思政元素：中国古代建筑卓越的成就和独特的风格都与我们的民族性格以及人文情怀密切相关，学习中国古建筑的特征，可以更好地了解以人为本的设计理念，增加大局意识和核心意识。

3. 中国古建筑的类型

（1）宫殿建筑；

（2）城防建筑；

（3）陵墓建筑；

（4）礼制建筑；

（5）民居建筑；

（6）楼阁建筑；

（7）水利桥梁建筑；

（8）园林建筑。

4. 中国古建筑文化内涵

（1）天人合一的空间意识，求大尚中；

（2）以人为本的人本思想；

（3）凸显等级制度的礼乐精神；

（4）兼容并蓄的包容观念。

思政元素：历代古建筑依据人们的不同需要建造了不同的类型，通过这些建筑类型的分析来体会中国传统文化中的天人合一、以人为本、兼容并蓄的思想，并且无论是在古代还是现代，中国历来重视"礼"，这在建筑风格和类型中也是重点需要体现的，如庭院布局的方式和格局等。

项目二　中国古建筑文化鉴赏

1. 中国古建筑基本构件及鉴赏

（1）建筑基座；

（2）面间阔数；

（3）斗拱；

（4）彩画；

（5）屋顶；

（6）藻井；

（7）屋脊装饰。

思政元素：通过这些基本构件的学习，我们可以看到古人的各种巧思以及聪明智慧，学习他们的工匠精神和家国情怀，引导学生养成认真负责的工作态度，增强学生的责任担当，提高学生的大局意识。

2. 常见古建筑鉴赏

（1）北京故宫；

（2）乾陵；

（3）白马寺；

（4）曲阜孔庙；

（5）万里长城；

（6）北京四合院。

思政元素：体验建筑物的美轮美奂、精妙绝伦，提高审美能力以及建筑鉴赏能力，再次感受先人的智慧和伟大的工匠精神，进一步体验祖国厚重的建筑文化，增强爱国情感，增强民族自信心和自豪感。

鉴赏完毕后，小组讨论，形成小组作业，小组成员之间思维碰撞，互相学习，使理论知识得以升华。

最后一部分：课后小组结合课堂所讲内容和小组成员的意见，选取一个角度进行小组作业展示（以 PPT 形式讲解），如有的同学选取"中国古建筑屋顶造型""明代建筑""少数民族建筑"等。内容自选、逻辑清晰、条例清楚、讲解流畅即可。通过这样课后的搜集信息、整理资料，同学们可以对本章内容进一步深化理解，同时通过别人的讲述，还可以扩展自己的知识面，了解到更多的古建筑文化。在此过程中，可以身临其境去体会中国建筑之美，感受中国建筑文化的巧妙绝伦，从而增加同学们的文化自信，更加热爱我们伟大的祖国。

课后思考题：收集关于乔家大院、皖南民居的资料，根据所学知识分析它们的主要特色。

六、教学反思

本章的教学内容充分运用了多种教学形式，努力调动学生的积极性，学生们颇有收获。中国文化源远流长，博大精深，旅游文化是中国文化的重要组成部分，我们从课堂上只能尽量地去还原本真，让大家身临其境，但还是跟亲身感受有所差距，所以，如果能在教学的过程中实地参观考察，效果一定会更好，当然这迫于各个方面的条件，可能实现起来不太容易，所以，我想如果加入 VR 实景体验，可能也会让同学们有不一样的感受，面对这样的实感，更能激发出学生的"真情"，那么课堂思政更能有的放矢。

七、教学成效

本章节的内容通过讲授法、案例讨论、视频欣赏以及翻转课堂等形式，让学生在掌握理论知识的同时，更加注重技能目标和情感目标的达成。通过与同学们的沟通以及他们反馈的小组作业，都可以看出同学们通过本章内容的学习，欣赏不同的建筑风格，体会到了历代最普通的劳动者的聪明智慧，学习他们的家国情怀和工匠精神，增强学生们的责任担当、大局意识和核心意识。

财政学课程思政教学案例

单位：经济与管理学院　作者：田欣

一、基本信息

课程名称：财政学

授课对象：经济学专业大二年级、国际经贸专业大三年级及金融数学专业大二年级的学生

教学章节：第五章第三节"三农支出"

使用教材：《公共财政概论》

二、课程思政教学改革整体设计思路

学习具有中国特色的财政学，需在课堂教学中将价值塑造、专业知识讲解作为课程目标，找准思政元素与课程内容的有效结合点，坚定中国特色社会主义理论的信念和对中国特色社会主义道路的信心，使学生树立建设中国特色社会主义的共同理想和正确的价值观。在本次教学活动中，重点解决学生对"三农"问题重视程度不高，从而不理解政府介入"三农"领域的原因这一问题，使用"农业能够为经济发展带来哪些方面的贡献？"这一提问方式导入本课，引发学生对于"三农"问题重要性的思考。通过讲解政府介入"三农"领域的理论依据、近年来我国财政对"三农"支出力度不断加大及乡村振兴战略的实施等内容，灵活地运用"思政+互联网"的模式，同时用好线上线下教学资源，采用讲授法、讨论法及案例分析法，使学生理解并掌握政府介入"三农"领域的理由，分析中国财政支农的现状，领会乡村振兴战略实施的目标及意义，在此基础上，对于"三农"支出中渗透的富强、平等、和谐等社会主义核心价值观有更加深入地体会，以此增强学生对国家发展成就的认同及社会责任感。

三、教学目标

1. 知识与技能目标

理解并掌握政府介入"三农"领域的理由，分析中国财政支农的现状，并领会乡村振兴战略实施的目标及意义。

2. 思想政治教育目标

近年来我国财政对"三农"支出力度不断加大及乡村振兴战略的提出体现了富强、平等、和谐等社会主义核心价值观，以此增强学生对国家发展成就的认同及社会责任感。

四、教学重点难点

政府介入"三农"领域的理由：一是农产品的供给弹性与需求弹性具有不对称性，农业比较利益较低；二是在农业生产和农村地区，存在大量的公共产品和外部效益明显的混合物品；三是城乡居民所拥有的资源禀赋存在较大差异。

五、教学过程

1. 课堂导入

复习上节课内容并引入问题：农业能够为经济发展带来哪些方面的贡献？组织学生讨论并发表观点。

2. 内容讲解

（1）课程教学内容设计：在我国，政府介入"三农"领域的理论依据有三点：一是农产品的供给弹性与需求弹性具有不对称性，农业比较利益较低；二是在农业生产和农村地区，存在大量的公共产品和外部效益明显的混合物品；三是城乡居民所拥有的资源禀赋存在较大差异。其中第三点——城乡居民所拥有的资源禀赋存在较大差异，具体表现在城乡收入差距明显，农村的基础设施、教育、医疗卫生、社会保险等方面发展滞后。我国在工业化发展初期，农业支持工业；在发展中后期，工业反哺农业，"多予少取"。结合课程内容融入社会主义核心价值观元素 1：富强——我国已处于工业化和城镇化的中级阶段，具备了以工业反哺农业、城市带动乡村的能力和条件。增强学生对于国家发展成就的认同，激发学生的民族自豪感。

（2）课程教学内容设计：中国改革开放 40 多年来，财政直接用于"三农"支出的绝对额增长迅速，但相对额没有明显增长。不过，随着 2004 年以来各种农村新政策的出台，财政支农的力度已经大大加强。2010 年以来，财政支农占比始终保持在 9%以上的较高水平，体现了国家对农业生产的重视和支持。结合课程内容融入社会主义核心价值观元素 2：平等——我国城乡居民所拥有的资源禀赋存在较大差异，政府对资源配置中城乡公平和地区公平十分关注，近年来财政对"三农"支出力度不断加大。

（3）课程教学内容设计：乡村兴则国家兴，乡村衰则国家衰。我国人民日益增长的美好生活需要和不平衡不充分的发展之间的矛盾在乡村最为突出。党的十九大报告再次将"三农"问题列为关系国计民生的根本性问题和全党工作的重中之重，并首次提出了"乡村振兴战略"，包括坚持农业农村优先发展，巩固和完善农村基本经营制度，保持土地承包关系稳定并长久不变，深化农村集体产权制度改革，确保国家粮食安全，构建现代农业产业体系、生产体系、经营体系等各个方面和层次的部署。结合课程内容融入社会主义核心价值观元素 3：和谐——实施乡村振兴战略是构建和谐社会的重要举措，是解决新时代我国社会主要矛盾、实现"两个一百年"奋斗目标和中华民族伟大复兴中国梦的必然要求，具有重大现实意义和深远历史意义。

3. 巩固加深

结合财政部官网财政新闻案例资料《宁夏回族自治区银川市财政强化资金保障助力乡村振兴》及《浙江省杭州财政深化涉农资金统筹整合 扎实推进共同富裕》，组织学生深入讨论财政支出在保障助力乡村振兴中的作用。在课堂教学中播放央视新闻频道视频资料《内蒙古种植中草药、发展山葡萄》，使学生对于乡村振兴战略的实施效果有直观深入的认识。

4. 总结拓展

"三农"问题有其复杂性和历史性，要进一步发挥公共财政在乡村的产业振兴、人才振兴、文化振兴及生态振兴中的作用，为实施乡村振兴战略提供坚实的物质基础及制度保障。

六、教学反思

本次教学活动的优点之一在于课前的提问设计，通过学生自主讨论并发表观点使学生能够较好地理解农业在国民经济中的重要作用，从而更好地掌握财政介入"三农"领域的理由；优点之二在于课堂教学中播放央视新闻频道视频资料《内蒙古种植中草药、发展山葡萄》，使学生以乐于接受的方式对于乡村振兴战略的实施效果有直观深入的认识。不足之处在于有少部分同学学习的积极性不高，对于课程专业知识及课程思政的内容未表现出浓厚的兴趣，没有很好地参与到互动中。需要在接下来的教学活动中设计形式更加丰富的环节，如学生展示汇报等，加强这部分学生在课堂中的参与度和活跃度。

教师是教书育人实施的主体，也是课堂教学的主要责任人。因此，课程思政的实施无疑对教师提出了更高的要求。课程内容的设计、教学过程的开展等都离不开教师的深入思考和精心组织。课程思政的内容既要与专业知识深度融合，又要做到与时俱进，于细微处见知著，避免生硬植入，为了思政而思政，要真正做到润物细无声。在日后的课程教学中，将结合当下学生的兴趣点，继续深入挖掘财政学的课程思政元素，使学生充分理解"财政是国家治理的基础和重要支柱"的科学论断，认同党中央治国理政新理念新思想新战略，成为更具家国情怀、肩负时代责任和历史使命的社会主义建设者和接班人。

七、教学成效

通过学习，学生更加充分地理解并掌握了农业在国民经济中的基础性地位，政府介入"三农"支出的理由及必要性。我国自改革开放以来经济社会发展取得了巨大的成就，我国已处于工业化和城镇化的中级阶段，具备了以工业反哺农业、城市带动乡村的能力和条件，我国财政用于"三农"领域的支出近些年来一直保持在较高水平，通过学习，学生增强了对国家发展成就的认同，激发了自身的民族自豪感。乡村振兴战略的实施对于构建社会主义和谐社会、实现全体人民共同富裕的目标具有至关重要的作用。同时也认识到"三农"问题有其复杂性和历史性，要进一步发挥财政在乡村的产业振兴、人才振兴、文化振兴及生态振兴中的作用，为实施乡村振兴战略提供坚实的物质基础及制度保障。同时，对于社会主义核心价值观的富强、平等、和谐等内容有了更深刻的认识。通过问卷调查的形式了解到，有76.79%的学生认为课程中的思政内容合适，有17.86%的学生课程中的思政内容比较合适；有94.64%的同学认为课程中的思政内容对自身有帮助，更好地领会了社会主义核心价值观中关于富强、平等及和谐等内容。

商务英语阅读课程思政教学案例

单位：应用英语学院　作者：黄永媛

一、基本信息

课程名称：商务英语阅读

授课对象：商务英语专业学生

教学章节：第六章

使用教材：《新编商务英语泛读》

二、课程思政教学改革整体设计思路

教师在背景介绍时引入福特汽车所处的时代背景，提出"美国梦"的概念，进而对比"中国梦"和"美国梦"之间的异同，重点指出"中国梦"是全体中国人的梦想——当代实现中华民族的伟大复兴是中华民族最伟大的梦想。为了实现这一目标，全体中国人必须坚持走中国特色社会主义道路，坚持中国特色社会主义理论体系，弘扬中华民族精神，凝聚中国力量，推进政治建设、经济建设、文化建设、社会建设、生态文明建设。最后提出作为青年一代，为了实现中国梦应必备的政治素养：心中有梦想，脚下有力量，未来有方向。

本节课对"中国梦"内涵的解读，有助于进一步增强学生的民族自豪感和自信心，使其具有强烈的民族认同感以及共同的价值观和责任感，在毕业后，学生能够积极地投身于实现"中国梦"的社会实践中。

教师主要通过讲授法讲解"中国梦"的内涵，运用讨论法和学生一起探讨"中国梦"实现的过程中，当代青年的责任担当。由于处于疫情期间，主要通过线上教学方式完成本次课程的学习。

三、教学目标

知识与技能目标：了解"中国梦"的内涵。

能力目标：通过小组讨论，让学生了解青少年的责任担当。

四、教学重点难点：

通过"中国梦"内涵的学习，让学生深刻体会到中国梦的伟大之处。

五、教学过程

课堂导入：

在背景介绍时引入福特汽车所处的时代背景，提出"美国梦"的概念，进而对比"中国梦"和"美国梦"之间的异同，提出"中国梦"是全体中国人民的梦想，为了实现这一梦想，青年一代要勇于担当。

内容讲解：

"中国梦"是习近平总书记提出的重要指导思想和重要执政理念。自 2012 年 11 月 29 日中国共产党第十八次全国代表大会正式提出以来。习近平总书记把"中国梦"定义为"实现中华民族的伟大复兴，就是中华民族近代以来最伟大的梦想"，并表示"一定能实现"。中国梦的核心目标也可以概括为"两个百年"的目标：第一个一百年，到中国共产党成立 100 年时全面建成小康社会的目标一定能实现；第二个一百年，到新中国成立 100 年时中华民族伟大复兴的梦想一定能实现。实现这一目标，必须坚持走中国特色社会主义道路，坚持中国特色社会主义理论体系，弘扬中华民族精神，凝聚中国力量。推进政治建设、经济建设、文化建设、社会建设、生态文明建设。

作为青年一代，为了实现中国梦应必备的政治素养：

1. 心中有梦想

（1）中国梦是国家的梦，是民族的梦，是每一个中国人的梦。

（2）中国梦的实质是实现国家富强、民族振兴、人民幸福。

（3）实现中国梦，必须坚持中国道路，弘扬中国精神，凝聚中国力量。

（4）实现中国梦，必须牢记空谈误国、实干兴邦。

2. 脚下有力量

（1）要实现伟大的梦想，需要伟大的奋斗。

（2）要实现伟大的梦想，必须建立伟大的工程。

（3）要实现伟大的梦想，必须推进伟大的事业。

（4）实践使梦想成真。

（5）伟大斗争，伟大工程，伟大事业，伟大梦想，是一个整体。

3．未来有方向

（1）第一阶段，从 2020 年到 2035 年，基本实现社会主义现代化。

（2）第二阶段，从 2035 年到本世纪中叶，把我国建成富强民主文明和谐美丽的社会主义现代化强国。

课堂讨论：

实现中国梦，我们青少年的责任担当。

总结：

对"中国梦"内涵的解读，对青年一代应具备的政治素养，以及责任担当的学习，有助于进一步增强青年一代的民族自豪感和自信心，使其具有强烈的民族认同感以及共同的价值观和责任感。

六、教学反思

本节课内容现实性强，与自身联系最为密切。主要学习了两个方面的问题。一个是"中国梦"的内涵，学习实现"中国梦"的途径，以及学生应具备的政治素养，学习中注意引导学生把自己的梦融入"中国梦"，在实现自己梦想的过程中为实现"中国梦"做出自己的贡献。另一个是自信的中国人，学习中注意引导学生把个人自信和民族自信联系起来。

本节课的重点是如何实现"中国梦"，"中国梦"和每个人的梦想的关系，以及实现"中国梦"中青少年的担当。

本节课的优点是学生能够在课前查阅相关资料，做到课前就对课堂内容有一定的了解；在课上能够紧跟教师的教学思路，认真倾听教师的讲解；在讨论环节充分发挥主动性，就所学内容展开激烈的讨论；在主题演讲中能做到积极发言，抒发自己心中所想。

本节课的缺点是材料运用不充分，没有与学生的回答更好地结合起来；没有给予学生更多的时间，除了课堂讨论、发言外，让学生摆事实、举例子、说明道理的时间少。

基于以上课堂总结，在以后的教学中要充分发挥学生的学习主动性，给学生留出足够的空间，让课堂气氛活跃起来。

七、教学成效

习近平总书记在参观"复兴之路"展览时，提出了实现中华民族伟大复兴的"中国梦"，此后，"中国梦"引起全国上下热烈讨论，已经成为当今社会最响亮、最具感召力和凝聚力的政治流行语。

通过课堂上对"中国梦"内涵的讲解，同学们更加深刻地理解当代青年应该将实现"中国梦"当作人生主题，要树立远大理想，明确人生价值，脚踏实地，厚积薄发；提高道德修养，锤炼意志品格。对当代青年来说，"中国梦"是强国之梦，是成才之梦，是个人国家同圆的幸福梦。课堂上学生们从以下两方面阐述了对"中国梦"的理解：

首先，从近代历史来看，"中国梦"是青年学子追求的强国梦。从"天下兴亡，匹夫有责"，到"为中华崛起而读书"。正是在这一传统和爱国情操的指引下，无数青年学子，无数仁人志士为中华民族重新屹立于世界民族之林而奋不顾身，牺牲一切。由此可见，强国梦一直是中国近代历史发展的主线，是中华民族生生不息，不懈奋斗的历史。

其次，从个人成长来看，"中国梦"是成才梦。成才就是能够成为对国家，对社会有用的人才，成为合格的社会主义现代化建设的建设者和接班人。具体讲有三点：一是要有丰富的知识，有较高的科学文化素质；二是要有健康的心理人格，要有健康的体魄；三是要具备全球视野和国际眼光，要有创新的思想。

中学心理学课程思政教学案例

单位：教育科学学院　作者：李洋

一、基本信息

课程名称：中学心理学

授课对象：2020 级物理学、化学、思想政治教育、音乐学专业的学生

教学章节：第一章第一节、第二节、第三节

使用教材：《心理学基础》

二、课程思政教学改革整体设计思路

（一）授课对象分析

本节课是中学心理学的第一课，学生们在课前对心理学知识、对本课程的课程内容和课程目标一无所知。上好第一课，给学生们留下良好的第一印象，使学生们感受到课程的魅力和意义，喜爱这门课，将直接影响学生后续的学习投入和学习效果。

（二）教学内容设计思路

第一章心理学概述，包括三节内容，第一节是心理学的研究对象，第二节是心理的实质，第三节是心理学与教育的关系。在知识内容上构成了逐步递进的逻辑联系，只有理解了心理学的研究对象，学生们才会想知道心理现象是如何产生的，只有理解了心理现象是如何产生的，学生们才会觉得学好心理学对教育工作和个人学习生活都具有重要的意义。

第一，阐述清楚心理学的研究对象，使学生形成系统的经验结构。第二，对心理是脑的机能这部分知识进行适当扩展，唤起学生的兴趣，增加学生的科学素养。第三，对心理是客观现实的反映这部分内容主要采用互动讨论的方式，请学生们将自己的理解分享到互动区。第四，对心理学与教育的关系这部分内容重点放在使学生意识到心理学对教育的重要性。

（三）第一课授课方法和形式

根据学生情况和教学内容，第一课主要采用讲授法、启发式教学法以及学生讨论与分享的教学与学习方法。由于疫情推迟了学生的返校时间，只能网络授课，通过综合比较，选择了以钉钉师生群直播的形式进行授课。

三、教学目标

知识目标：使学生理解心理学的研究对象、心理的实质、心理学与教育的关系。

情感目标：使学生喜爱上这门课，对这门课产生学习期待。

思政育人目标：辩证唯物主义思维的训练，增进师范生的教师使命感。

四、教学重点难点

教学重点：理解心理学的研究对象。

教学难点：理解心理的实质。

五、教学过程

环节一：教师自我介绍，介绍课程目标和学习要求

目的是使学生在学习之前对本课程的学习目标和学习意义有一个概括的认识。

环节二：讲授心理学的研究对象，及时检验学生的学习状态和理解水平

首先，从心理科学的诞生说起，讲授心理学是研究人的心理现象的科学。指出科学的三个特征（可复制性、可证伪性和系统性），加深学生对科学的认识，将对社会主义核心价值观中文明的追求孕育其中。

其次，讲授人的心理现象的构成。人的心理现象包括个体心理和社会心理，介绍个体心理之前先给出个体心理的结构图，目的是为了帮助学生更好地构建知识网络。在心理状态的讲解中举例说明在各种心理活动中存在的心理状态。在讲解完个性心理后，请学生思考个体心理是根据什么维度进行的划分，让学生把理解分享在互动讨论区，目的是引导学生采用深加工学习策略，加深学生对个体心理结构的理解，也为之后讲授学习策略这部分内容时，以教师此处的教学处理方法为例埋下伏笔，同时可以及时掌握学生的听课状态和理解水平。社会心理包含的研究内容较广，并且没有统一的定义，所以在此只做举例处理，不追求概念。

之后，小结这部分的学习内容，给出心理现象的结构图，让学生找出结构图中缺少哪部分内容（缺少心理状态），并启发学生，这部分内容可归结到哪个心理结构中去，目的是使学生知道心理现象是相互联系的整体，同时检验学生的理解水平。

环节三：精讲心理的生理基础，请学生们分享他们对心理是客观现实的反映这个知识点的理解

首先，将心理的生理基础这部分内容分为两个模块来处理，先是生理结构，之后是工作方式。以教材为框架，参考心理学导论和普通心理学，重新组织教学内容。从简单总括神经系统的结构开始，讲解神经元的结构和工作方式，之后讲解人脑的结构和重要性，再对最有可能引起学生兴趣的大脑皮层功能分区进行有选择性的精讲，并且让学生意识到虽然生理学家和心理学家对大脑皮层的功能和结构做了分区，但是一个人的正常心理活动是离不开大脑各个部分的协同工作的。之后，向学生们呈现与他们学习生活联系非常紧密的大脑两半球功能分工示意图，请学生们在互动区概括左右脑的功能优势，提问他们的专业学习和训练主要是利用了哪个大脑半球的优势，引导学生们在学习生活中还要注重另一侧大脑半球的训练，以提高自己的能力水平，从而在更高的水平上获得专业成就。

在神经系统的工作方式这部分，只介绍反射、兴奋和抑制。反射因为后面的章节中还要学习，所以这里只介绍最基本的概念。兴奋和抑制这部分内容注重介绍它们的相互诱导，并请学生在互动区举例子。当学生们提到前一天夜里玩游戏或开夜车学习导致第二天困倦时，及时给予肯定，让学生们意识到通过这个内容的学习，他们自己就理解了心理现象是如何产生的，而且他们知道了人脑的工作规律，可以更好地利用大脑的工作规律为自己服务。

对于心理是客观现实的反映这部分内容，主要是引导学生们在互动区分享自己的理解，在思维碰撞中，训练学生的辩证唯物主义思想，使学生们真正理解心理的实质。在发现学生们分享的理论层面的思想较多时，引导他们以具体的心理现象予以例举，以训练学生思维的深刻性和准确性。

环节四：使学生意识到心理学对教育的重要性，产生课程期待和责任理解

对心理学的教育作用略作讲解，使学生意识到心理学的三个教育应用——测量与描述、解释与说明、预测与控制是逐层递进的，最终的目标就是预测与控制，使每个学生在教育中获得更好的发展。之后向学生提出问题"教师为何要学习心理学？"启发学生产生对课程的学习期待，更好地理解教师的责任。当学生们能够对教师角色予以憧憬时，及时给予鼓舞和激励，使其牢固树立教师的使命感，将社会主义核心价值观的爱国敬业深植于学生的思想中。

环节五：小结课程，布置作业

体现及时复习的学习规律，为后续内容学习做示例。布置课后思考作业"你对本课程的学习有哪些期待？"强化学生的学习目的性认识和情感期待。

六、教学成效与反思

（一）精心选择授课内容，巧妙设计教学环节，提高教学效果

每一节课的成功都离不开教师的精心备课。只要精心设计和准备，课程概论部分内容也可以很精彩，而且可以给学生留下很好的第一印象，抓住他们的学习热情，使他们对课程的学习有所期待。为了上好这节概论第一课，备课环节跳出了一本教材内容的局限，从心理学经典教材中追本溯源，充实授课内容。同时，依据学生知识体系的建构逻辑去安排具体内容的顺序和相应环节，使学生们踊跃参与到课堂中来，积极思考、乐于分享观点和见解。

正是有了这样的精心准备，第一课取得了非常好的效果。课程过后，参与听课的校院两级督导都对这节概论课给予了很高的评价。同时，课后也收到了不少学生的微信，对课程做了非常积极的评价，一位学生反馈说这是她入学以来上过的最有意思的一节课。

（二）利用网络积极与学生互动，使学生获得课堂归属感

利用钉钉直播的互动区积极与学生互动，弥补不能与学生在现实课堂上面对面交流的缺憾。在需要重点理解和引申思考的地方提出问题，请同学们在互动区分享想法，这样学生们的参与积极性甚至比现实课堂还要高，而且好多内向的学生也可以在互动区踊跃发表自己的看法，基本上做到了使全体同学的思维都动起来，使每位同学都积极地参与进来。使学生们获得课堂的归属感，他们才能真正地爱上课堂。课程过后，翻看学生们的留言，一百多人的班级，基本上每位同学

都参与了进来。

（三）以课堂教学作为教学示范，增强学生的教师使命感

在中学心理学第一课的教学过程中，应用了认知学习理论、建构学习理论、人本主义学习理论的基本观点和规律，将其转化为教学活动、问题情境设计的依据。比如，授课内容的组织方式是依据戴维·保罗·奥苏贝尔的有意义学习理论，营造积极的课堂气氛、和谐的师生关系是依据卡尔·兰塞姆·罗杰斯的以学生为中心的教学观。之后在学生们的后续学习过程中，就可以以中学心理学第一课的教学示范作为实例请同学们思考教学效果，这样既是给学生们演示了如何学以致用，将所学心理学理论应用于教育教学实践，又给学生们树立了教师榜样，深刻唤起学生的教师责任感和使命感，达到思政育人润物细无声的效果。

（四）精彩处留给学生完成发现学习，提升学生的学习效能感

在需要深入思考的内容上，并不过多地讲授教师个人的观点，而是请学生们思考，分享自己的观点和看法到互动区。一方面，教师可以真正理解学生的所思所想，与学生做进一步的深入交流和探讨。另一方面，精彩处留给学生，使学生通过自己的思考得到结论，即完成发现学习，才能真正地使心理学理论内化为学生的思想和财富。同时学生们在这个过程中获得的学习效能感则会成为他们继续用心学习中学心理学这门课的内部动力。

居住区景观规划设计课程思政教学案例

单位：美术与设计学院　作者：战冠红

一、基本信息

课程名称：居民区景观规划设计

授课对象：艺术设计系环境艺术专业大三学生

教学章节：第一章、第二章

使用教材：《居住区景观规划设计》

二、课程思政教学改革整体设计思路

本课程的课程思政教学目标从知识目标、能力目标和情感目标三个方向来确立对学生的价值塑造、能力培养、知识传授三位一体的课程目标，结合课程教学内容，明确思想政治教育的融入点，将爱国精神、工匠精神、人民至上、家国情怀、道德思想、理想信念、团队合作精神等思政元素融入课程内容中，有助于对学生思政教育的培养和提升，贴合课程知识点，达到对学生进行价值塑造、思想浸润的思政效果。

本课程具有较强的综合性和延展性，本课程的思政教学目标要求学生在学习居住区景观规划设计原理的同时，结合社会主义核心价值观的内容，注重思政教育与专业教育有机融合，将知识、技能传授与价值引领相结合的方式，帮助学生树立正确的世界观、人生观和价值观。

三、教学目标

1. 知识与技能目标

（1）知识目标

①掌握居住区景观规划设计原理和居住区景观总体设计的流程方法，使学生了解居住区景观空间设计的相关知识，把握创作思想，以最佳的设计思维及手段

传递设计意图；

②掌握最新的国家居住区规划标准和行业规定，紧密结合生产实际，加强前沿理论学习，拓展学生视野。

（2）技能目标

具备正确分析居住区景观规划设计图纸的能力，培养学生创新思维和高阶思维能力，自主分析和解决问题的能力。

2. 思想政治教育目标

（1）将基本国情、中国传统文化与课程相融合，培养学生坚定的文化自信与民族自豪感，增强学生时代责任感、使命感、荣誉感。

（2）将爱国主义情怀、工匠精神、职业素养、审美价值、人文素养等思政元素融入课程中，培养学生爱国爱家爱岗的正确价值观。

（3）培养学生认真负责的工作态度和严谨细致的工作作风，培养学生耐心细致、吃苦耐劳、诚实守信、勇于探索的精神，达到职业规范和职业道德等综合素质能力的培养。

四、教学重点难点

教学重点：居住区规划设计原理及居住区景观设计的内容；居住区的规划流程。

教学难点：居住区规划与城市景观设计联系、居住区规划的空间布局。

五、教学过程

1. 课程导入

欣赏居住区视频短片，从视觉方面，感受居住区的空间环境，激发学生对线的感性认识和学习兴趣。

2. 居住区规划设计原理

学习居住区规模分级、居住区规划结构、城市居住区用地组成和相关概念，让学生明确居住区规划设计的概念和规范。

3. 居住区景观风格基调

视频引入，图片分析，以设计的视角让同学掌握居住区景观不同风格，感受中西文化在景观设计中的手法，引导学生学会观察、认识客观事物，提高学生的感受力和观察力。

4. 居住区景观总体设计

图片案例引入进行分析，居住区景观总体设计流程包括前期准备、场地分析、立意构思、功能布局、交通组织、空间结构、种植规划。

5. 案例赏析

引导学生观察感受，提高居住区景观规划设计的敏锐感受力，激发设计灵感。同时能让学生回顾本节课居住区景观设计的流程内容。

6. 问题讨论

居住区规划与城市景观设计的联系。

7. 案例分析

小组讨论场地分析、立意构思、功能布局、交通组织、空间结构、种植规划。

8. 评价环节

小组互评，老师点评总结。

9. 练习部分

（1）找一套小区规划方案，搜集相关资料，分析场地、风格，制作 PPT；

（2）抄绘练习及庭院设计。

六、教学反思

此次课程的教学设计旨在通过本小结的学习了解居住区景观规划设计的概念、风格和特征，以居住区景观总体设计，通过视频、图片案例提高学生审美观、创造思维能力和设计水平，为今后的设计做好铺垫作用。

课堂案例讨论能提高学生自主分析问题、解决问题的能力，也增强了他们的团队协作能力，从而达到因材施教的目的。在课上评价环节中，教师以引导为主，让学生自己发挥总结，各小组根据课堂表现完成任务的情况进行评价，并根据考核表对各小组评分，最后对评分名次进行展示，这样不仅再一次地巩固了学习知识点，也展现了同学之间团结互助、公平公正的良好素养，有利于培养学生的综合能力。

七、教学成效

1. 加强课内外实践内容及组织形式，丰富课程思政内涵

环境艺术专业的实践教学是一个必不可少的教学环节，可以增强师生互动和生生互动。首先在实践前，学生分小组讨论制定实践计划，发挥学生的积极主动

性，提高实践能力及团队协作能力。学生在实践过程中，会提出针对性的技术问题及自己的看法，可以提高学生自主探究和分析解决问题的能力。

2. 多元化的考核评价模式，满足立德树人的教育目标

采用多元化的考核评价主体，确立"线上自主学习—课堂教学—实践教学"全过程式考核评价模式，融入思政元素的考核评价内容，构建基于课程思政的考核评价指标体系。考核涵盖课前、课中、课后，考核内容分别为设计理论知识与生态文明建设、设计综合能力与技能培养及设计岗位职业素养三个方面去考核，满足立德树人的教育目标。

把思政教育融入居住区景观规划设计课程中，解决了思政教育和环境艺术设计专业发展与环境艺术设计行业脱节的问题，巧妙地将案例教学渗透到课堂中，有效地衔接了课程中多个知识点与课程思政协同育人的功能。使学生在学习专业知识和技能的同时，了解本专业的职业规范和责任，提高了学生的岗位适应能力，使学生对本专业有了专业规划，也培养了学生的奋斗精神与团队精神。

中国近现代史纲要课程思政教学案例

单位：马克思主义学院　作者：王雅馨

一、基本信息

课程名称：中国近现代史纲要

授课对象：本科生

教学章节：第四章第二节第三目

使用教材：《中国近现代史纲要》

二、课程思政教学改革整体设计思路

"半条被子的故事"的主角是红军女战士与老百姓。她们不是指挥员，不是领导人，她们的行动说明人民情怀在整个红军得到了自上而下的全面贯彻。正是这种救民于水火、振兴中华的初心使命与历史担当，支撑着红军斩关夺隘，向死而生。在案例介绍之后，教师引导学生思考：如何认识中国共产党的初心使命？

三、教学目标

知识与技能目标：掌握中国共产党成立的背景、过程、意义。

思想政治教育目标：认识中国共产党的初心与使命。

四、教学重点难点

教学重点：新文化运动的兴起及其意义；五四运动的历史特点及其意义；中国共产党成立的历史背景及其意义。

教学难点：中国共产党成立后，中国革命呈现的新面貌；认识大革命失败的原因及其教训。

五、教学过程

"半条被子的故事"之所以能够穿越历史时空，在中华大地上广泛传播并引起人们的强烈共鸣，就在于它诠释了中国共产党的初心——为中国人民谋幸福，为中华民族谋复兴。

沙洲村是一个红军长征行军中经过的山区村、民族村、贫困村。行军意味着什么？意味着短暂停留，匆匆一过。就是行军途中之一站，就是面对一面之缘的百姓，红军战士也视若家人，冷暖与共。1934 年 11 月 5 日，中央和军委纵队及红军主力分三路，从湖南汝城南出发，沿大坪、新桥、界头、延寿等乡村进军宜章。这三路进军路线都在崇山峻岭中，沿途一山更比一山高，一山更比一山难。红军在汝城遭到敌军的抵抗，迫于形势只好放弃汝城，翻过大山向宜章进军，经过了一个叫沙洲的村子。11 月 6 日，三位女红军住进村里的妇女徐解秀家里。当天晚上她们四人一块睡在厢房里，盖的是她床上的一块烂棉絮和一条红军的被子。第二天下午，女红军们要走了。为了感谢徐解秀，她们把仅有的一条被子剪了一半送给她。徐解秀不忍心，也不敢要。三位女红军说："红军同其他当兵的不一样，是共产党领导的，是人民的军队，打敌人就是为了让老百姓过上好生活。"在她们互相推让的时候，红军大部队已经开始翻山，徐解秀和丈夫朱兰芳送她们走过泥泞的田埂。后来，徐解秀老人说："什么叫红军，什么叫共产党，共产党就是自己只有一条被子，也要给穷苦人半条的人。"

六、教学反思

"半条被子的故事"是在红军行军装备极为简陋的情况下发生的——三位女红军只有一条被子。在战略退却的过程中，在缺吃少穿、生死攸关的时候，红军仍然记挂着百姓的冷暖。正是由于始终保持与人民冷暖与共、患难与共、休戚与共的血肉联系，才使得中国共产党能够在革命、建设、改革的各个历史阶段，始终得到人民群众的坚决拥护。站在新时代的今天，中华民族仍然面对着复兴道路上的各种风险挑战，仍然需要这种全面的、集体的责任担当。当 9000 多万名共产党员在各自的岗位上坚守使命，奋发作为，必然迸发出无往不胜的磅礴伟力。

七、教学成效

2016 年 10 月，在纪念红军长征胜利 80 周年的大会上，习近平总书记深情地讲述了一个"半条被子的故事"，"半条被子的故事"经过总书记饱含深情地讲述后，迅速传遍了全国，温暖了全国人民，让人们又一次重温了那段艰苦而光荣的奋斗历程。经过思政课上讲述"半条被子的故事"，大学生们跟"半条被子的故事"产生共鸣，一起感动于共产党人与人民群众荣辱与共、风雨同舟的鱼水深情，感受共产党始终依靠群众、始终为了群众的不变初心。全心全意为人民服务的宗旨不是喊在口头上，而是真正做到同人民风雨同舟、血脉相通、生死与共，这不仅是中国共产党和红军取得长征胜利的根本保证，也是我们战胜一切困难和风险的根本保证。学生们充分理解了近代中国历史和人民为什么选择了中国共产党。

文化经纪理论与实务课程思政教学改革案例

单位：历史与文化学院　作者：王宁宁

一、基本信息

课程名称：文化经纪理论与实务

授课对象：文化产业管理专业 2018 级学生

教学章节：第二章第二节

参考教材：《文化经纪理论与实务》

二、课程思政教学理念与目标

（一）知识与技能

使学生掌握文化经纪人应该具备的素质；使学生具备分析处理文化经纪事务中常见的基本问题的能力。

（二）课程思政理念

经探索文化经纪领域问题方面的应用实例，让学生感受如何解决处理典型问题，通过通用理论与专业问题有机结合，使学生的学习有的放矢，目标明确，进而无形中帮助其树立良好的学习情感态度。在分析品德修养时，引出诚信原则的讨论，引用现实中关于明星偷税漏税问题，引导同学们从自身角度出发挖掘诚信的内涵以及作为大学生应该怎样做。长期以来人们在社会交往中渴望真善美，倡导信用、守信，特别是在商业等经济往来中追求一个"信"字，一时间"信誉""信誉度"等成了最热门的词语。人们对于"信"的追求源于孔子"仁义礼志信"的儒家思想，这种思想渗透到社会政治、经济、人们的精神生活等各个领域，成为人们做人的准则。

在学习经纪业务管理素质时，分析经纪人应具备的锐利的市场眼光及风险意识，引导同学们讨论如何维护国家文化安全，防止价值观念的入侵，不仅要以强烈的市场观念去发现、迎合或引导文化消费者，更要时刻保持清醒的头脑，保持危机意识，养成良好的职业素质。

三、课程思政教学过程

（一）教学方法与手段

启发式教学法、实例—情境探究法。

（二）教学准备

多媒体辅助教学，丰富教学材料。

（三）教学过程

案例引入：

我们通过一则招聘启事来看一看文化经纪人都需要具备哪些素质：

上海××公司 2014 年招聘模特经纪人启事

岗位职责：

1. 能够独立带队参加模特面试以及各类模特大赛和时尚发布会等工作；

2. 负责公司模特宣传推广、营销策划、演出代理及商务谈判；

3. 撰写模特活动演艺策划案并进行市场分析；

4. 联系和拜访客户，为公司旗下模特需求更多的工作机会，能够与客户保持良好沟通，维系资源关系；

5. 开发客户资源，为我公司的专业模特寻找目标客户，如品牌服装公司、各种产品需要模特形象的企业、广告公司、媒体杂志社等。与客户建立良好的关系及提供服务。

任职条件：

要求：大专及以上学历。

1. 有从事模特经纪行业的相关经验；

2. 年龄 18 周岁以上，形象气质佳、大方、开朗、性格随和、吃苦耐劳，切勿眼高手低。

能力素质：

3. 熟悉上海地区模特行业、熟悉模特市场及模特管理工作流程；有挖掘和培养模特新人的能力；有规划和安排模特职业生涯的实力；

4. 有广泛良好的影视媒体资源、演出资源和模特资源，并具备一定的企业客户资源；

5. 对流行时尚事物敏锐，快速掌握模特行业的动向，同时对服装管理有一定的理解；

6. 工作责任心强、团队意识强、热情度高，有良好的市场开拓能力、沟通能力、协调能力、组织能力、管理能力；

7. 根据客户需要组织活动或面试，并引导相关部门配合执行，推动公司模特的各种广告拍摄以及展会，时装表演等业务发展；

8. 整理分析客户需求和市场信息，提供给公司相关部门促进公司的整体服务。

文化经纪人既是文化市场的代表，又是交易双方的顾问。文化经纪人素质的高低决定其提供服务的水平。因此，只有具备较高的素质才能成为一名合格的文化经纪人。一般来说，对文化经纪人的素质要求有以下几个方面。

1. 品德修养

良好的职业素养。不可否认，在文化市场中，一些经纪人的行为经常成为社会舆论指责的对象，究其原因，很大程度上是由于他们缺乏良好的职业素养，以不正当手段获取暴利，严重损害了国家、集体和个人的利益，严重损害了经纪人的社会形象。

文化经纪人的职业性质决定文化经纪人应当与文化工作者建立相互信赖、共同谋利的关系，真心实意地为他们提供中介服务，并具备良好的职业道德。

坚持诚信原则。诚实和信誉作为市场经济的道德规范，文化经纪人必须遵守；公开经纪活动的收入，守法纳税；对待业务协作关系和承诺言行一致，一诺千金；对雇员伙伴公平公正，一视同仁；等等。

文化经纪人绝不能依仗经济实力或政治权力挟持、逼迫他人，经济交往中的当事人都应遵照自己的意愿进行交往。文化经纪人绝不允许采用欺诈的手段，或乘人之危谋取利益。

在文化中介过程中，文化经纪人必须以诚立身处世，比如主动为工作差错承担责任，避免相互推倭和指责。

忧患意识和进取意识的结合。文化经纪人的忧患意识是发自内心的，是和自己的财产、信誉、事业等个人利益紧密联系在一起的。这种发自内心深处的危机感，迫使在项目投资开发上，只能成功，不能失败。因此，文化经纪人非常注重投资的回报率和回报期限。从这个意义上讲，经纪人的价值取向是单一的、明确的，即追求利益的最大化。这种价值取向的结果必然要求文化经纪人具有强烈的事业发展意识。

坚韧不拔的毅力。在从事文化项目的申请、组织和安排其工作的过程中，文化经纪人需要得到各级主管部门的批准和许可，以及社会各界的帮助和支持。这都要求经纪人多方奔走，百般游说，不管有多少艰难曲折，也不管有多少难堪和不理解，经纪人都要能够坚持不懈，直至实现自己的奋斗目标。

2. 专业素质和技能

充分了解文化消费者。消费者的文化需求是文化市场的导向，文化经纪人必须了解消费者的文化需求和文化消费特征，才能够为其提供适合的文化产品。经纪人应该有意识地让文化产品进入各种有意义的活动中，让它们同时存在于各类时效性极强的现代传媒上，这样更有益于揭示文化艺术品的意义，给消费者以提示，调动其购买的强烈欲望。

（1）了解消费者的文化心理需求。了解文化消费倾向。文化经纪人必须了解人们的文化需求和文化消费倾向，并且了解这些文化市场需求受到社会经济发展水平和政治、科学等其他一系列因素的影响。了解文化消费层次。文化经纪人必须明确不同层次的目标顾客群体，做到有的放矢，满足不同收入阶层和不同品位人群的文化生活需要。了解文化消费心理。文化经纪人要准确地把握消费者的文化消费心理，使文化产品适销对路，有效地激发消费者的消费动机和欲望。

（2）对社会新潮文化的敏锐性。文化经纪人必须具有敏锐的文化市场洞察力，努力把握社会文化时尚的脉搏。那些能获得重大反响的文化项目常常反映了社会心理的变化和人们共同关注的社会焦点，因此，经纪人必须善于捕捉这些社会热点，并贯穿到文化经纪活动中去，只有这样，才能够很好地烘托所选择的文化活动主题，收到良好的社会效益和经济效益。否则，与社会时尚相背离的文化产品，尽管耗时费力，也只能事倍功半。

（3）灵活的文化市场意识。文化经纪人要具有超前的市场意识和坚定的信念，注意掌握和搜集潜在客户的相关情报，抓住每一个结识潜在客户的机会，并且要养成随时发掘潜在客户的习惯。针对所掌握的潜在客户的情报，搜集并整理一些符合客户和自己发展目的与现实利益的文化信息。

（4）文化市场的信息意识。文化经纪人要善于捕捉和传递各种与文化市场有关的各种信息，不仅要懂得信息的重要性，而且还要明白信息的时效性和真实性。文化经纪人要时时注意收集市场信息，否则，在文化传播中，经纪人的中介作用就失去了赖以生存的基础。

（5）丰富全面的文化艺术专业知识。文化经纪人不仅要精通中介领域的专业知识，而且要成为文化艺术的行家里手。只有这样，才能与文艺创作者产生共同的语言，才能与他们建立良好、长久的关系。

①深厚的文化素养。文化经纪人应当对自己所从事的某一文化行业的行情十分熟悉。比如：出版业经纪人对书刊发行渠道、销售网络以及出版社的情况有准确的把握，同时还要具备较高的文化素养，这样才能判断不同种类图书的文化价值和读者群体的特点，使其经纪活动的社会效益和经济效益达到最大化。

②较高的审美情趣。文化经纪人的艺术修养十分重要。以演出经纪市场为例，无论是对文化节目的选择、舞台美术的设计、文艺新人的选拔，还是灯光照明的确定，都是以经纪人的审美情趣为依托的。高雅的审美情趣能推出令人耳目一新、领导文化消费新潮的项目；反之，就很难取得符合期望的社会反响。

（6）出色的公关能力。

①文化产品的市场宣传能力。文化经纪人不仅要熟悉一定的文化专业知识，而且还要懂得现代市场学，尤其是广告宣传。文化经纪人的经纪活动往往和广告业有紧密的联系，这与他们的职业特点有关。文化经纪人经常与文艺创作者联系，通过广告实现其社会价值。但文化经纪人必须明白，蹩脚的广告可以毁掉一个艺术家，也可以断送一个明星的前途。因此，文化经纪人必须以认真负责的态度对待广告内容的审核，对采用何种媒体、做什么风格的广告要提出可操作性的意见，尽最大努力来维护客户的形象。

②树立良好的公共形象。文化经纪人通过一系列公关活动，帮助客户树立良好的社会形象，提高其社会知名度。公关活动的形式要结合实际情况，灵活多样，不能生搬硬套。例如，为客户联系各种公益活动，利用新闻媒介进行宣传，等等。有些公关活动不一定以收益为唯一衡量标准，而是通过这些活动树立自己的形象，提高知名度。个别文化经纪人，对公共关系的理解过于肤浅，过分追求文化活动的经济利益，因此，只要其经济利益稍不如意，就会在公共场合表现出招人厌恶的言谈举止，无意识中破坏了自己在文化消费者及委托人心目中的形象。文化经纪人应当为客户设计规范的行为准则，尽量避免不利于客户的形象出现。

③较好的社会交际能力。文化经纪人不仅需要与内部人士团结一致、齐心协力，还需要社会各界的积极参与、友好合作。这就要求经纪人为人随和、待人宽厚、谈吐幽默，善于与不同层次的人广交朋友。总之，文化经纪人必须做到对内形成团结和睦的氛围，对外维护集体和本人良好的社会形象，形成广泛的信息网络，为日后的文化经纪活动打下良好的社会基础。

事实上，在现代文化市场经济条件下，文化经纪人必须凝聚多学科、多知识背景。它不同于艺术家个人的自发性探索，也不同于企业家个人的简单直觉，而是市场开发、美学与艺术评价、社会趋势与公众心理等多方面分析判断的总和。有经纪人参与的艺术创作本身也是一种与艺术家个人创作不完全一样的艺术生产方式，只有将其中各种因素都协调地组合在一起，才会产生成功的作品。

3. 经纪业务管理素质

（1）一定的经营管理能力。成功的文化经纪人应该是一名出色的经营管理人才。

高度的效益意识。文化经纪人作为文化市场的中间人，只有在文化活动能创造一定的社会效益和经济效益时，才能算是一位成功的文化经纪人。对于文艺演出经纪人来说，演出的经纪效益是文化院团和文化经纪人获得社会承认的重要标志。文化经纪人必须善于评估和提高演出的经济收益，并在演出的过程中不断降低成本、减少消耗。否则，演出的社会效果再好，院团和文化经纪人都可能失去经济上存在的理由。

把握文化项目的内在价值。能够准确地判定文化作品的价值标准是文化经纪人在市场中获得生存的特有技能。艺术性高的作品，其商业价值就高，但这并不等于说商业价值高的，艺术价值也高。但是，文化经纪人对于社会效益和经济效益都比较好的文化创作活动有着不可忽视的市场推广作用。文化经纪人只有准确地判断文化产品的真实价值，才能在推广文化产品的过程中，收到良好的社会效益与经济效益。

敏捷的商业头脑与锐利的市场眼光。只有头脑敏捷、目光锐利，才能掌握广大文化消费者的心理偏好，才能在此基础上进行成功的中介服务，才可能既获得消费者的满意，又获得良好的社会效益和经济效益，这是一名优秀的文化经纪人必备的素质之一。文化经纪人不能仅仅专注于文化产品本身，而且还要把目光瞄准目标市场，要以一种强烈的市场观念去发现、迎合或引导文化消费者的心理偏好。

　　文化市场经纪人必须对市场中的"大众消费"心理进行预测，必须积极主动地到消费群中去摸底，到文化市场的不同层次去深入调查，这样才能开展一些适应文化市场需求的项目活动，向文化工作者提供新颖的选题，才能确保其经纪活动的圆满成功。

　　（2）财务知识。文化经纪人也要追求经济效益，因此，既要按投入产出的原则计算成本，又要按照市场供求规律制定价格。文化经纪人只有具备较强的经济核算能力，才能形成较强的竞争实力，在市场中常胜不败。

　　任何投资都有风险，超前性投资意味着更大的风险。因此，文化经纪人在进行文化项目投资时，不仅要有战略决策的魄力，还应有务实的投资艺术，这样才能筑起抵御风险的防线。

　　（3）风险意识。文化经纪活动具有一定的风险性，这就要求文化经纪人具备很强的心理承受能力。文化经营是一项风险很大的活动，它的成功与否不仅取决于经纪人的努力，还取决于经纪人所无法左右的客观条件。例如，文化市场的变化、国家政策的调整、气候条件、交通状况，这些条件都可能使整个文化活动功败垂成，缺乏风险意识的经纪人很难担当此重任。风险意识越强的经纪人越敢承担那种风险很大而收益也相应丰厚的活动。同时，风险意识也迫使经纪人在决策时要谨慎，在安排时要周密，时刻保持清醒的头脑。

　　4. 高度的法律意识

　　如今，在我国文化界，官司诉讼不断成为新闻媒介的热点，文化业的名人们纷纷为维护自己的正当权益而拿起法律的武器。由于他们精力有限，常常是由其文化经纪人出面，为其委托律师，从事相关的法律诉讼，因此，文化市场激烈的竞争要求文化经纪人必须具有高度的法律意识，能够运用法律武器为委托人排忧解难。具体地说，就是要求文化经纪人对有关经纪往来的法律法规充分了解，并了解国家法律严令禁止的行为，不得危害国家、集体和他人的利益。置国家的严令于不顾，以身试法，为经纪人之大忌。

　　文化经纪活动应当限制在法律许可范围之内。文化经纪人必须了解的有关文化行业的法律知识有：我国的《著作权法》以及《伯尔尼公约》《世界版权公约》两个国际版公约。作为文化经纪人，应该做到不从事侵犯版权的中介活动，特别是对翻译著作的中介活动更应谨慎行事，尤其不能涉及黄色低级的出版物。作为文化经纪人，还应了解《文物保护法》《知识产权法》《专利法》《计算机软件保护条例》《营业性演出管理条例实施细则》《民法》《反不正当竞争法》《消费者权益保护法》《公司法》《合同法》等法律法规。

四、课程思政教学评价与考核

本次课堂评价占总成绩 50%，包括课堂表现和参与度（40 分）、出勤情况（10 分）两个方面。课堂表现和参与度则分为主动提问、主动回答、被动提问、课堂质疑四个表现差别，用来记录学生课堂上活动参与状态的表格，以周或者月为单位进行记录，并将表格进行统计，并随时让学生尽快了解自己的阶段表现，从而形成积极向上的学习氛围，让后进学生有一定的危机意识。本堂课留作业一次占本堂课评价的 50%。

五、课程思政教学特色与创新

积极挖掘优质思政素材是开展课程思政的基础，但如何做好教学设计，将这些思政素材润物细无声地融入教学内容中去是至关重要的。结合文化经纪人教学内容制定该课程对应章节知识点的德育目标；让思政的德育目标与知识技能目标有机融合，并固化于教学大纲中，在源头上保证课程思政的顺利实施和不断延续。以往的大纲中这些知识蕴含的思想政治教育内涵没有被挖掘，如果不能在教学目标中提出具体的要求，这往往导致在教学中全靠教师个人发挥，随意性大，课程思政思想的贯彻和取得的效果得不到应有的保证。

本节课程主要引入诚信素养、维护国家文化安全素养，案例（1）娱乐圈中的"女王"，有"范爷"之称的范冰冰，终于迎来偷逃税款的"实锤"！曾因举报而被传得沸沸扬扬的"阴阳合同"，已被税务部门查实。从调查核实情况看，范冰冰在电影《大轰炸》剧组拍摄过程中实际取得片酬 3000 万元，其中 1000 万元已经申报纳税，其余 2000 万元以拆分合同方式偷逃个人所得税 618 万元，少缴营业税及附加 112 万元，合计 730 万元。此外，还查出范冰冰及其担任法定代表人的企业少缴税款 2.48 亿元，其中偷逃税款 1.34 亿元。范冰冰在微博上刊登致歉信。致歉信中表示，对税务机关调查后，依法作出的一系列处罚决定，完全接受。

案例（2）2011 年 5 月赵半狄、孙立军、孔庆东发表公开信"六一去看大自然，不看《功夫熊猫 2》"，并在北京电影学院第十届动漫节颁奖礼上宣读，利用传媒向全世界宣布。同时孔庆东在美国之音网站上发表观点："好莱坞把中国的符号拿去了，还用你的符号继续征服你。好莱坞不仅在赚你的钱，还要洗你的脑，还要征服你的心。"这件事在全国引起巨大的争论。

　　这场争论的核心无非是围绕着文化交流与文化侵略展开。什么是文化交流？什么是文化侵略？日军侵华时在东三省逼着小孩学日语，不学就拖出去枪毙，这叫文化侵略；现在小孩子追着看机器猫，因为日本动画片好玩，这叫文化交流。这场争论一直到现在都没有结束，因为有人认为《功夫熊猫》是文化侵略。

　　退一万步讲，即使美国企图借助好莱坞输出其价值观，我们该怎么办？是烧毁《功夫熊猫》DVD，还是用更精彩的电影把观众抢回来？文化是自由流动的。即使政府进行限制，如果真的有吸引力，人们也还是会选择去看，比如邓丽君的歌刚开始被称为靡靡之音，政府不允许听，但人们还是争先恐后地去听，因为它确实好听。所以唯一的办法就是用好的东西来竞争。六小龄童在这场争论里面也曾经感慨："中国有功夫、有熊猫，为何没有《功夫熊猫》？"显然这是我们自身的原因，有好的东西自己不用怪不得别人。

六、课程思政教学效果

　　文化经纪人课程思政改革探索从教学目标、教学内容、教学设计、教学方法、教学手段和实践上，充分挖掘课程中的思想政治教育元素，充分发挥教师和课程内在的育人功能，形成全员、全方位、全过程育人的教学体系，有效地加快加深了学生专业课思政德育教育。

民间美术课程思政教学改革案例

单位：美术与设计学院　作者：王阳

一、基本信息

课程名称：民间美术

授课对象：美术学专业学生

教学章节：第三章第一节

使用教材：《中国民间美术概论》

二、课程思政教学改革整体设计思路

首先对年画的介绍，按照题材分类分别介绍分类特点，中国四大年画产地介绍，在不同地域影响下年画的特征，不同的风土人情、不同的地域特征、不同的民俗文化都会形成特定的民族习俗。通过讲解，激发学生对民间美术的兴趣，热爱民族文化，树立正确的人生观、价值观，并将民间年画中传统元素利用到创作中，让更多的人了解民族传统文化，更热爱自己的国家，将传统文化传承下去。

三、教学目标

1. 知识目标

通过本课程的学习使学生了解中国民间美术的概念、种类及其造型特点，掌握我国民间美术的艺术特色。通过实践，使学生亲身体会民间艺术的创作过程，在对中国民间艺术的优秀传统进行传承的同时，可以更好更深入地理解民间艺术，也拓宽了美术学专业学生的学习范围，提高艺术实践能力和艺术创作能力。

2. 课程思政目标

通过本课程的学习激发学生对我国丰富多彩的民间美术的喜爱之情，从而使学生更加热爱祖国的传统文化，注重培育高尚的文化素养、健康的审美情趣、乐观的生活态度，注重把爱国主义、民族情怀贯穿渗透到专业课教学中。

四、教学重点难点

教学重点：了解民间年画，通过涂绘年画，感受传统民间年画的特证。

教学难点：通过欣赏，能利用已有的知识进行绘画欣赏活动。

五、教学过程

1. 教学内容

中国民间美术年画。

2. 思政内容

在介绍中国民间年画特征时融入传统民俗文化，把民族精神贯穿始终。

3. 采用的教学方法

案例教学法、讨论教学法。

3. 导入

介绍中国传统节日——新春佳节，引入新课。

以案例教学的方式介绍年画，每到过年的时候，家里就会贴上一些喜庆的图画，这些色彩艳丽、形象活泼的图画，有一个专门的名称——年画。

年画开始时的功能：过去主要用来敬神、祈福等，现在多是增添喜庆气氛和装饰作用。

追溯年画的历史：年画起源于汉代，发展于唐宋，兴盛于明清。

年画按地区分类，分别举例说明介绍：

例如绵竹木版年画的内容题材极为广泛，有祈福迎祥、风俗习惯、生产生活、戏曲故事、历史人物、神话传说、讽刺幽默、花鸟虫鱼等类别。

绵竹木板年画特点：①绘画性强；②讲求构图的均衡对称、完整饱满和主题鲜明，又于对称里融入灵动的元素；③构图注重整体布局，讲究明快简练；④构图以线造型。线是绵竹木版年画构图、造型的基本手段，形因线而立，神因线而传；⑤人物构图形象夸张、比例变形。年画艺人按照自己对年画功能、年画人物性格的理解，通过对形象的夸张、变形突出年画人物的特点。

同学们举例介绍自己所了解的地区年画。

根据所学进行涂绘年画，了解其色彩的运用及年画的内涵。

六、教学反思

本课学习了民间美术——年画，在教学中注重以学生为主体，充分发挥学生主动性、创作性学习。充分了解民间年画丰富的精神内涵、民俗生活和植根于民族文化深处的审美理想。

七、教学成效

通过本课程的学习，让学生了解了不同地域下的民间年画的不同特点，学生们根据自己所喜欢或者自己家乡的民间年画进行了临摹或是创作，加深了对民间年画课程的理解，体会到民族文化的特色，激发了学生们的爱国之情。

中国古代文学课程思政教学案例

单位：文学院　作者：刘丽华

一、基本信息

课程名称：中国古代文学

授课对象：秘书学专业本科生

教学章节：第一章第三节

使用教材：《中国古代文学史》《中国历代文学作品选》

二、课程思政教学改革整体设计思路

《孟子》是中国古代文学先秦散文部分的重要学习书目，《齐桓晋文之事章》是出自该书的重要选篇。该文以思想性和艺术性的双重魅力入选高中语文教材，同时也是大学中各类古代文学作品选教材里的必选篇目。尤其值得注意的是，该文蕴含了丰富的思政元素，是古代文学课程进行思政教育的绝佳素材。该节课程主要运用讲授法、文本细读法、讨论法等教学方法进行展开，以达到使学生了解孟子的"仁政"思想，深入领会《孟子》一书长于论辩的特点；体悟孟子在论辩中所展现的智慧，总结有效沟通的方法，增强自我的思辨力、表达力和交际能力。从预期成效上而言，希望学生：（1）深入体会《齐桓晋文之事》中的仁政保民的思想，并结合新冠疫情的爆发过程中，我们党坚持人民至上、生命至上，体会中国共产党执政为民的理念，感受我们党始终坚持群众路线，强调以人为本，执政为民，人民的利益高于一切的路线方针，感受我党为中国人民谋幸福，为中华民族谋复兴的初心和使命。（2）体会孟子坚持理想、百折不挠、机智过人的人格精神和知其不可为而为之的不懈追求，树立"天下兴亡，匹夫有责"的责任意识和以人为本的道德情怀。（3）学习孟子的论辩技巧，并运用到日常交际和辩论比赛中；（4）可与同时期《庄子》散文的论辩手法进行比较，深化对两部散文不同的认识，拓展知识，锻炼学生的文字表达能力和逻辑思辨能力。

三、教学目标

1. 知识与技能目标

使学生了解孟子的"仁政"思想，深入领会《孟子》一书长于论辩的特点；体悟孟子在论辩中所展现的智慧，总结有效沟通的方法，增强自我的思辨力、表达力和交际能力。

2. 思想政治教育目标

引导学生深入体会《齐桓晋文之事》中体现的仁政保民的思想，感受孟子坚持理想、百折不挠、机智过人的人格精神和知其不可为而为之的不懈追求，树立"天下兴亡，匹夫有责"的责任意识和以人为本的道德情怀。

四、教学重点难点

《齐桓晋文之事章》的论辩技巧。

五、教学过程

（一）课前预习

推送和《孟子》相关的慕课视频和代表性学术论文资源，要求大家做好预习，可以针对《齐桓晋文之事》的论辩技巧做成思维导图进行上传。推送百家讲坛《孟子的智慧·辩论的目的》视频，深化学生对孟子论辩智慧的认识。

（二）课程讲授

1. 引入

战国时代，百家争鸣，孟子以好辩、善辩闻名于世，在几乎所有的论辩中都辩无不胜。分析其中的原因，这和孟子丰厚的学养、十分自信的心理素质、蔑视权贵的傲岸风骨和绝妙高超的论辩艺术密不可分。前面三点在之前推送给大家的资料中已经有所涉及，这节课我们就结合《齐桓晋文之事》一文重点来感受一下孟了高超的论辩艺术。

2. 教学过程

《孟子》一书从体例上而言属于对话体，这篇文章也是以孟子和齐宣王之间的对话来展开的。通过课前的预习我们知道，孟子作为儒家的代表人物，讲的是仁政王道，这就和齐宣王所问的霸道构成了矛盾，所以这时的孟子其实就陷入了一个两难的处境，直接拒绝，齐宣王很尴尬，不拒绝，违心告之，自己很难受。这时，我们看孟子的回答就很巧妙，他说："仲尼之徒无道桓文之事者，是以后世无传焉，臣未之闻也。"他说孔子的学生没有人说过齐桓晋文之事，自己也没听说过。当然，出于我们对《论语》《孟子》一书的基本了解，孟子这里的回答显然是推脱之词，但这种推脱却巧妙地避免了二人的尴尬，为话题的继续奠定了基础。这种推脱也是一种论辩的技巧，我们可以概括为回避术。当然，对于孟子来说，回避不是目的，他还要继续推行自己的主张，所以他马上说："无以，则王乎？"您如果一定要我说的话，便讲讲用道德的力量来统一天下的王道吧！简简单单的几个字，就让孟子以迅雷不及掩耳之势把话题由霸道转向了王道，这一转是很厉害的，它使孟子摆脱了不利处境，变被动为主动，迅速掌握了话题的主动权。从论辩技巧的角度来说这属于转换术。善于回避和转移话题，是孟子在论辩中惯用的战术，也是聪敏善辩之人为控制局面、避其锋芒、反客为主、转守为攻的一个重要方式。

孟子和齐宣王之间的对话还在继续。齐宣王就问了："德何如，则可以王矣？"（要有怎样的道德就能统一天下呢？）孟子说："保民而王，莫之能御也。"（爱护百姓，让他们有安定的生活，这样去统一天下，就没有人能够阻挡。）"保民而王"是孟子政治主张的重要方面，保民就是安民，就是让老百姓过得富足而有尊严。在此基础上，孟子还提出了民贵君轻之论，这些耀眼的思想在战国七雄争霸的时代中是不可能实现的，在其他封建社会的治世也只是偶尔唱唱这样的高调而已，但在中国共产党成为执政党的今天，我们党始终坚持群众路线，强调以人为本，执政为民，人民的利益高于一切，可以说真正实现了孟子所倡导的"保民而王"。

在下文当中，孟子施展其擒纵、求同之术，对齐宣王以羊易牛的事件进行辨析，让齐宣王真正意识到他的这种不忍的心理是合乎保民而王的要求的。所谓"擒纵"，擒是否定，纵是肯定，就是有纵有擒，先纵后擒，欲擒故纵，从而将对方牢牢地掌握在手中。所谓求同就是寻求与对方在某一方面的共同点，适当地给予肯定，以靠拢对方取得对方的信任和好感，为下面的辩异、反驳做准备。求同只是手段，驳异才是目的。在以上论辩中，孟子有纵有擒，但总体上还是以纵为主，其目的就是为了求同靠拢，获得对方的信任。

经过这一回合的论辩，孟子用自己的聪明智慧赢得了对方的信任，帮助齐宣王树立起"保民而王"的信心，使之心悦诚服，并说"此心之所以合于王者何也？"主动要求谈论王道，到这里，孟子初步达到了自己预期目的。

儒家的可贵不仅在于对某种价值观的坚守和认同，更在于对那份价值付诸实践的努力。所以孟子也没有止步于齐宣王的"于我心有戚戚焉"，更重要的是让齐宣王付诸实践。心动才能行动，所以在下文中，孟子又陆续运用了圈套术、包抄术、比附术、诡辩术、铺陈术、排比术，进一步让齐宣王认识到实行王道的可能性和必要性，以及实行霸道所带来的严重危害。全文先后有序，环环相扣：王天下的关键在乎保民；保民的前提是要有不忍之心；不忍之心要不断发扬推广，即推恩（老吾老以及人之老，幼吾幼以及人之幼）；推恩的具体措施是摈弃武力征战，重视富民、教民。可以说孟子运用其高超的论辩艺术一路过关斩将最终直捣黄龙。

3. 总结

孟子的这种王道思想在战国列强纷争的背景下是不可能实现的，所以文中的齐宣王尽管被说得心服口服，但他事后其实并没有将其付诸实践，但我们从中确实感受到了孟子知其不可为而为之的精神和救民众于水火之中的热忱。另一方面，孟子与齐宣王之间的对话，与其说是论辩，不如说是向我们呈现了一个如何有效沟通的范例，无论是从我们秘书学的专业需要，还是从整个社会发展来说，学会一定的沟通技巧都是极为必要的。大家课下可以对这篇文章进行仔细的揣摩，相信一定会有更大的收获。

六、教学反思

因为疫情的原因，本次课程选用钉钉在线平台进行了直播，就本次教学活动的优点而言：本次课程教学组织合理，课前准备充分，提出了相应的学习要求，推送了相关的学习资源；就教学过程而言，本次教学时间安排合理；教学内容充实，能按照课程大纲和教学目标组织教学内容，教学内容充实，教学思路清晰，条理清楚，重难点突出；在讲授中注重立德树人、教书育人，体现"课程思政"；教学方法上，能利用多种手段进行积极有效的教学互动，进行线上签到、讨论，充分发挥在线教学优势，鼓励学生利用网络信息资源进行综合分析、独立思考和勇于创新，注重培养学生发现及解决问题的能力；教学效果上，教学完整、顺畅，教学互动好，学生参与度高，学生能有效地利用教师讲授和推送的学习资源，学习获得感较强。就缺点而言，因课时有限，所以在课堂上讲授的内容较为有限；教学上也缺少分层次教学；PPT 的制作上缺乏突破和创新；互动上受限于网上，缺乏面对面交流的生动性和灵活性。在以后的教学中，将进一步培养学生的自主学习能力，让学生在学习中可以由点及面，由此及彼，提高学习效率和学习质量；注意到学生个体差异，更有针对性地开展教学；在 PPT 的制作中，也要精益求精，给学生以更好的学习享受；教学方法上也要更加丰富。

七、教学成效

《齐桓晋文之事》是先秦说理散文的代表作《孟子》中的名篇，通过对以《论语》《孟子》《庄子》为代表的先秦说理散文的学习，学生可以感悟先贤之智慧，汲取其话语之力量。《齐桓晋文之事》一章作为《孟子》七篇中为数不多的千字长文之一，典型地体现了《孟子》一书长于论辩的特点和气盛言宜的语言风貌。通过本次课程的讲授，学生们了解了孟子的"仁政"思想，对于"保民而王"的观点能够结合现实形成自己的感悟，并形成了具体的文字；对《孟子》一书长于论辩的特点有了更深刻的把握，通过对《齐桓晋文之事》思维导图的制作，深化了对孟子论辩技巧的认知，体悟到孟子在论辩中所展现的智慧，并能灵活地运用到实践当中；能够进行开拓性学习，对《孟子》和《庄子》论辩技巧的不同进行比较，深化了对战国这两部最重要的诸子散文论辩艺术的认识，并在此过程中，锻炼了自我的逻辑思维能力和文字表达能力。

生物标本制作技术课程思政教学案例

单位：生命科学与技术学院　　作者：于爽

一、基本信息

课程名称：生物标本制作技术

授课对象：生物技术专业学生

教学章节：腊叶植物标本制作

使用教材：《野生动植物标本制作》

二、课程思政教学改革整体设计思路

腊叶植物标本制作是植物标本制作常用方法之一，作为一门实际操作的课程，其不仅需要学生具备较强的相关生物专业知识，还需具备一定程度的实践能力。本课程的思政改革设计围绕以学生为活动中心主体展开，从课程内容腊叶植物标本概念、作用、制作步骤、注意事项这四方面渗透思政理念。

教学中在对腊叶植物的作用和采集进行讲解时，首先引导学生正确认识植物在生态系统中的地位及作用，注重渗透生态文明元素，将国家绿色生态观、国家生态安全观融入教学进行生命教育，培养学生树立生态文明理念。

其次，在学生进行植物腊叶标本采集、整理、压制、消毒与上台纸的讲解和操作中强化学生的劳动观，培养学生探索未知、追求真理的责任感和使命感，注重培养精益求精、追求卓越的工匠精神。

再次，植物标本本身也是一件艺术品，因此在学生制作腊叶植物标本时融入美育教育，以提高学生的审美和人文素质。

最后，针对植物标本采集，需对学生进行科技伦理教育——不违背自然规律与法律，秉承保护环境和尊重自然多样性的原则，培养学生树立职业道德和法律法规意识。

三、教学目标

（一）知识与技能目标

知识目标：描述采集与制作植物的基本方法，掌握植物标本的概念、分类、腊叶标本的制作过程及注意事项；了解植物标本在经济、观赏、科研中研究与制作的价值。

技能目标：掌握腊叶植物标本的采集、整理与压制的技术操作。

（二）思想政治教育目标

倡导保护植物多样性、保护环境，引导学生正确认识植物在生态系统中的作用，课程教学中注重渗透法制教育、生态教育、劳动教育思政元素的融入，增强学生的责任意识，培养学生不断思考和探索的科学精神和科学态度，实现知识和素养的双重提高。

四、教学重点难点

教学重点：种子植物采集及腊叶标本的制作过程。

教学难点：种子植物腊叶标本的概念及制作过程。

五、教学过程

（一）课堂导入

教师先行提问学生植物标本的价值；教师进行补充并进行系统总结：科研价值、观赏价值、经济价值。展示优秀的腊叶植物制作标本作品切入主题，吸引学生的注意，调动学生的情绪，对本节课产生兴趣。

（二）新课讲授

在讲述植物标本的科研价值、观赏价值、经济价值时，举例说出像兰科这样的珍稀濒危植物的价值。目前，盗采盗挖现象仍时有发生，极大地减少了兰科植物的数量，人们往往更注重保护动物，殊不知，很多植物也属于珍稀保护生物范畴。要牢记保护生物多样性的重要性，如果以后从事标本制作相关工作，一定要遵守职业道德，敬畏生命，保护珍稀濒危生物，无论其创造的经济价值有多大。

【思政 1：职业道德】

讲授腊叶植物标本的概念及制作过程。教师耐心地对每个步骤进行系统地介绍，学生如有疑问及时回复。

1. 采集

在生物标本的采集时，把国家绿色生态观、国家生态安全内容融入课程中，告诉学生"绿水青山就是金山银山"，在任何情况下都不能以破坏环境为代价，要牢记绿色生态的重要性。强调人与自然要和谐相处，在采集标本时尽量不要伤害到植物，不要破坏植物的生存环境，取样不要太大，造成不必要的浪费。在采取植物标本时要小心、规范，不要弄坏植物，要注意采集材料的代表性、完整性。不要随意破坏植物，尊重自然，保护生物是每一个人的责任和义务。把国家绿色生态观、国家生态安全内容融入课程中。【思政2：生态文明理念】

植物标本的采集要遵守《中华人民共和国野生植物保护条例》，禁止采集国家一级保护野生植物。因科学研究、人工培育等特殊需要，采集国家一级保护野生植物的，应当按照管理权限向国务院林业行政主管部门或者其授权的机构申请采集证；或者向采集地的省、自治区、直辖市人民政府农业行政主管部门或者其授权的机构申请采集证。采集城市园林或者风景名胜区内的国家一级或者二级保护野生植物的，须先申请采集证。采集珍贵野生树木或者林区内、草原上的野生植物的，必须依照《中华人民共和国森林法》《中华人民共和国草原法》的规定办理。提高学生的法制意识，强化责任意识。【思政3：责任意识、纪律意识】

2. 野外记录

在采集之前要认真观察植物特征，填写植物采集记录签，引导学生认真观察植物的生活型、营养器官的形态特征、生境、采集地点的环境条件等。同时为学生讲述植物的生命力之强大，可以适应恶劣的环境，一枚小小的种子就可以长成一颗植物，植物可以在形态上、生理上发生一些变化以适应多变的环境，提高对逆境的抵抗和耐受性。希望同学们可以和植物一样，增加对生活、学业等过程中逆境的承受能力，提高耐压能力，要热爱生活，爱家乡，爱学校，爱同学。通过讲述我国植物分类学家在走山过程中所经历的艰辛以及我们国家植物研究的发展案例，增强文化自信。【思政4：爱家爱校意识、文化自信】

3. 整理、压制

教师需对两种压制方法的操作步骤、适用条件优缺点等进行具体介绍。此外针对一些特殊植物需进行特殊的处理后再进行压制，教师也需要说明，例如多肉植物须先用沸水烫死，过厚植物器官需从中部切成几个薄片，寄生植物连同寄主一起压制等。在标本的整理、压制和上台纸的讲解中注重工匠精神和科学精神的融入。定名的过程繁琐、复杂，需要反复对比查阅，还有区分学名、中文名、俗名等过程中把精益、专注、创新等方面的内容体现在实践中，提高学生的精进、细致、求美、求真的工匠精神。【思政 5：科学精神、工匠精神】

4. 消毒

（1）教师提问学生消毒的目的；

（2）教师讲解消毒的药品和方法。

5. 上台纸

上台纸前先把标本摆好位置，尽可能地反映植物的真实形态，注意形态美观。最后把野外采集记录粘贴在左上角，鉴定标签粘贴在右下角。

6. 保存

将腊叶标本按照相应的类别放置在标本箱或者标本柜中，并在标本之间放置樟脑丸，雨水较多的季节注意防潮防霉变。

六、教学反思

因为疫情的缘故对学生实际操作产生两方面的影响：其一，采取的线上教学致使教师与学生无法面对面及时进行沟通和指导，学生关于技术方面的操作可能会存在错误而不能及时进行纠正；其二，封校措施缩减了学生采集植物种类的数目及范围，这对学生在鉴别植物种类方面造成困难。针对这两方面的困难，现提出有如下解决方案：首先，学生对不明白的技术操作可主动通过网上有关腊叶植物标本制作视频的研究学习。其次，可单独联系并咨询老师解决疑惑之处。最后可通过仿真模拟实验进行练习。

在线上讲解理论知识，通过植物标本的价值问题引出职业道德，进一步把国家绿色生态观、国家生态安全内容融入课程，提高学生的遵纪守法意识，在标本的整理与压制的讲解和操作过程中，注重工匠精神和科学精神的融入，使学生掌握植物标本采集、压制和整理的技能。标本的鉴定是一项繁杂的工作，学生的植物学基础差异较大，顾及不到容易出错，今后可以积累植物识别鉴定方面的视频素材以供学生课后学习。

七、教学成效

在活动过程中，教师抓住重点，借助多媒体教学，发挥学生的主动参与性，通过体验制作腊叶植物标本，学生在尝试探究活动的过程中，积累了科学探究的经验，逐步形成从事探究活动所必备的能力、精神和品格，同时也丰富了自身的学识。在大学生人生观、价值观、世界观的形成时期，将思政理念融入课程学习中，提升学生的思想道德修养，相当程度上落实了课程与思想政治理论协同向前的愿景。

化工原理课程思政教学设计案例

单位：化学化工学院　　作者：邢乐红

学院名称	化学化工学院	课程性质	必修课
课程类型	专业主干课		
授课对象	化学工程与工艺专业本科生	学时/学分	56/3.5
章节名称	绪论	使用教材	天津大学《化工原理》 大连理工大学《化工原理》
授课题目	绪论		
教学目标	知识目标：了解课程的性质和课程内容；掌握化工过程中的基本规律；掌握单位制与单位换算。 能力目标：通过展示化工行业的发展情况，激发学生学习热情，培养学生解决复杂问题的能力、终身学习能力、团队合作能力。 素质目标：激发科研兴趣，增强专业认同感。 思政目标：通过化工行业的发展情况及其在经济中的重要地位，激发学生的爱国热情及科技兴国的使命感；培养学生科学态度和创新环保意识，提高统筹知识和设计解决方案的能力。		
教学重点	单元操作；动量传递、热量传递、质量传递、化学反应工程	教学难点	化工生产中的单元操作

教学设计		
环节	教学过程	课程思政
情境导入	通过"提起化工，你的第一印象是什么？"引发学生思考，然后展示下列图片： 2020年全球化工100强名单 http://www.ttpaihang.com 2020-09-21 国际石化市场信息服务商安迅思（ICIS）发布了"2020全球化工企业百强名单"，该榜单以全球化工企业的2019销售额为评选依据，中国有4家企业上榜，其中中国石化以632.44亿美元的销售额取得榜单第二名的好成绩，其余三家中国企业分别是万华化学(34)、台塑(47)、台塑石化(59)。 | 排行	企业名称	销售额（百万美元）
1	巴斯夫BASF	66594
2	中国石化Sinopec	63244
3	陶氏Dow	42951
4	利安德巴塞尔LyondellBasell	34727
5	沙特基础工业公司SABIC	32488 | 通过上面的图片，化工行业对我们日常生活有着显著的影响，是促进我国经济发展的重要组成部分。另外国家政策《石化和化工行业"十四五"规划指南》的颁布，明确指出"十四五期间行业将继续贯彻创新、协调、绿色、开放、共享的发展理念，坚持节约资源和保护环境的基本国策"，促进化工行业发展的同时，加大了对化工行业环保方面的管控，促进了该行业的和谐发展，使化工行业呈现崭新的面貌。那么，化学工业具体是指什么呢？它又是如何发展起来的呢？	通过展示化工与生活的情况，一方面让学生从正反两方面分析问题，培养学生的批判思维，另一方面，展示国家政策的相关内容，向学生渗透绿色环保意识，激发学生的爱国热情，产生科技兴国的远大抱负；通过创建化工的情境，将学生的注意力集中起来，引导学生深入思考。

教学设计		
环节	教学过程	课程思政
知识讲授	一、化学工业与化学工程 **（一）化学工业** 化学工业是指将自然界中的各种物质资源通过物理和化学的方法加工成具有规定质量物质的工业。 广泛应用于轻工、食品、农业、工业与国防以及各种高新技术产业。 **（二）化学工程** 研究化工产品生产过程的基本规律，并应用这些规律解决化工生产中的实际问题。 **（三）化学工程的发展历史** 1. 萌芽时期 现代化工生产始于 18 世纪的法国。 特点：仅仅表现为专有技术，以研究某一产品的生产技术为对象，形成了各种工艺学。 例如：纯碱工艺学、硫酸工艺学等。 2. 奠基时期 化学工程（又称单元操作）作为一门新兴的科学始于 19 世纪末 20 世纪初的美国，基于大规模的石油炼制。 特点：明确提出了单元操作的概念，开设了化学工程与设备课程，该时期的化学工程仍以实验和经验为主。 例如：蒸馏、吸收、萃取、蒸发、干燥、传热等。 3. 化学工程学时期 20 世纪 50 年代，随着各类单元操作之间内在本质规律的揭示、通过动量传递、热量传递、质量传递研究单元操作，建立了"三传一反"的概念。 特点：系统地研究传递现象，建立了传递过程的基本概念，揭示了传递过程的本质，从技术走向科学。 "三传一反"的概念：动量传递、质量传递、热量传递、化学反应工程。 4. 现代化学工程 计算机的应用、系统工程学的应用，使化学工程学进入全新时期。	通过化工的发展历史，让学生体会到事物的发展性，引导学生关注行业和专业发展历史和发展趋势；通过指出目前化工行业面临的问题，激发学生的爱国热情及科研报国的使命感。

教学设计		
环节	教学过程	课程思政
	特点：利用系统工程学的观点全面研究原料、能源、环保等诸方面的合理利用及其相互影响，化学工业可持续发展的战略，推动化学工程向更高阶段发展。 现代化学工业面临的三大挑战：原料、能源、环境保护。 （四）化学工程中的单元操作 化工生产中主要的单元操作可归纳为三类过程。 流体流动过程： 流体输送、沉降、过滤、混合、流态化。 热量传递过程： 加热、冷却、蒸发、冷凝。 质量传递过程： 蒸馏、吸收、萃取、吸附、干燥、膜分离。	
交流讨论	通过上面的学习介绍，我们已经知道化学工业的一些基本知识，那么我们这门课程——化工原理又是什么呢？我们从中学习什么内容呢？让学生阅读课本，小组进行交流讨论，概括出本门课程的内容和性质。 二、化工原理课程的内容与性质 （一）化工原理课程的主要内容 研究化工单元操作的基本原理、典型化工单元设备的主要结构和选型，以及单元过程的工艺计算。 （二）化工原理课程的特点 化学工程的技术基础课； 学科的综合——综合利用数学、物理、化学、物理化学等学科知识，侧重解决工程实际问题； 较强的工程观念。 理论上的可行性、技术可行性、环境与安全的可行性，经济上的可行性。 （三）化工原理课程的任务 研究常用的单元操作过程； 学习典型的单元操作设备； 培养分析和解决化学工程实际问题的能力。	通过学生自己查找材料，进行归纳总结，然后再与同学进行交流，完善自己的思路，找出问题的答案，从而解决问题。从中培养学生归纳总结的能力，交流合作的能力，坚韧的意志和解决问题的能力，激发学生的科研精神、合作精神。

教学设计		
环节	教学过程	课程思政
知识讲授	我们已经知道化工原理是研究化工单元操作的基本原理、典型化工单元设备的主要结构和选型以及单元过程的工艺计算。而"计算"自然需要数据，数据又具有不同的单位，因此，学习化工原理，单位及其之间的换算是必不可少的工具。 　　　　　　三、物理量的单位及换算 　　SI 制：长度（m）、质量（kg）、时间（s）、温度（K）、物质的量（mol）； 　　工程单位制：长度（m）、时间（s）、力（kgf）； 　　CGS 制：长度（cm）、质量（g）、时间（s）。 　　说明：注意不同单位制之间的换算 　　基本量纲：长度——L； 　　质量——M； 　　时间——T。 　　物理量可用基本量纲表示： 　　例：$[u]=L/T=LT^{-1}$	通过单位换算的学习，帮助学生掌握学习化工原理的基本工具，提升学生对化工原理的熟悉度，帮助学生建立学好本门课程的信心。同时完善学生的知识体系，培养学生科研思维和学以致用的能力。
框架总结	本节课主要学习了这三个方面的内容，我们一起来回顾一下： 　　一、化学工业与化学工程； 　　二、化工原理课程的内容与性质； 　　三、物理量的单位及换算。	通过最后对本节课的所学内容的一个总结回顾，帮助学生加深印象，提高课堂学习效果。
课后作业	作业： 　　收集资料：要求每个成员阅读至少五篇文献，每组在阅读文献的基础上，概括出我国化工的发展趋势。	通过课后作业培养学生学以致用、综合运用知识的能力，以及沟通合作和团队精神。通过文献的阅读，让学生了解化工的发展趋势，提高学生的科研能力。

教学考核评价
考核评价方式包括：（1）线上的课前预习情况检验，运用线上思政慕课资源，为学生提供预习素材，学生在云平台回答测试问题并获得分数；（2）课上互动提问，由教师打分；（3）分组讨论环节，由各小组组长根据组员表现情况打分；（4）课堂展示环节，由老师设定题目，学生自愿展示获得加分；（5）课后作业情况，由教师打分；（6）期末考试。

教学反思
（一）教学效果 　　由图片展示化工与日常生活中的密切联系，以及化工在我国经济中的地位，能够明显提升学生的学习热情和上课的积极性，为后续内容的开展提供了良好的开端。对课程内容的交流与总结，让学生在小组合作中，丰富知识，锻炼能力。课后通过布置小组作业，让学生分析化工的发展趋势，并进行总结，达到学以致用的目的。 **（二）存在的问题** 　　本节课的知识是基础性知识，学生学习时容易走神，因此，教师要及时与学生沟通，集中学生的注意力，帮助学生掌握好基础知识，为后面的深入学习做好铺垫。

教学成效
引导学生关注行业和专业发展历史和发展趋势，激发学生的爱国热情及科研报国的使命感；通过介绍新中国化工发展历史故事，学习老一辈化工科学家的艰苦奋斗、攻坚克难、干事创业、为新中国的建设和发展鞠躬尽瘁的伟大精神；通过介绍国外化工行业的先进技术和对中国的技术封锁，培养学生自主研发的创新意识和知识产权保护的法律意识；通过介绍化工行业发展现状和对区域经济的重要作用，培养学生绿色环保节能减排的责任意识，激发学生专业认同感和自豪感，提高学生的学习动力。

化学教学论课程思政教学案例

单位：化学化工学院　作者：王慧

一、基本信息

课程名称：化学教学论

授课对象：化学专业的学生

教学章节：第二章第三节

使用教材：《化学教学论》

二、课程思政教学改革整体设计思路

1. 以学生为中心，修订化学教学论课程教学大纲，确立"知识、技能传授与价值引领相结合"的课程目标，并结合课程教学内容实际明确思想政治教育的融入点、教学方法和载体途径。

2. 制定化学教学论课程教学过程中引入思政元素的原则。在课程教学中坚持将价值引领与知识传授并重，思政内容的融入要自然合理，融入过程要随机应变。

3. 持续改进。重构课程资源，挖掘可以在化学教学论课程中融入的思政内容。梳理课程知识内容和技能培育环节，探寻可能实现思政育人的知识点和结合点，并凝炼出思政育人要素。注重思政教育与专业教育的有机融合。

4. 教学方法突出启发式、参与式和案例式教学，教学活动体现互动性、合作式；教学手段注重与现代信息技术深度融合，训练学生问题解决能力和审辩式思维能力。

5. 产出导向，化学教学论课程以服务地方经济建设和社会发展，培养卓越教师为目的。在课堂教学中对学生进行职业理想和信念教育，培养师德高尚、业务精湛、结构合理、充满活力的未来教师，引导学生形成正确的马克思主义的世界观和方法论，提高辩证思维的能力。

三、教学目标

1. 知识目标

了解化学课程目标制定的依据、内容体系；了解化学课程标准的性质、内容，理解其核心理念。

2. 能力目标

发展核心素养，在面临与化学相关的社会问题的挑战时，能做出更理智、更科学的决策。

3. 思政目标

认识化学对社会的重要贡献，关注与化学有关的社会问题；理解习近平新时代中国特色社会主义思想，全面融入社会主义核心价值观，形成正确的世界观、人生观、价值观，从源头上把好意识形态安全关。

四、教学重点难点

教学重点：化学课程目标的确立依据、中学化学课程目标的内容。

教学难点：化学课程目标的具体内容。

五、教学过程

导入新课：化学课程目标是人们赋予化学课程教育功能时所规定的最低教育要求，是为实现化学课程一定的教育目的而预设的结果，反映了一定时期的教育价值取向。

我国自中共十八大把立德树人作为教育的根本任务之后，教育部门的重大举措之一就是组建专家团队，集中研究中国学生发展核心素养；举措之二是组建普通高中课程标准修订专家组，集中研究学科的核心素养。

提出问题：化学课程目标制定的依据是什么？有哪些特征？

新课讲解：化学课程目标确立的依据之一：国家对人才培养的基本要求。

【结合课程内容融入思政 1：爱国—政治意识—自觉践行社会主义核心价值观，具有社会责任感、创新精神和实践能力】

党的十九大明确提出："要全面贯彻党的教育方针，落实立德树人根本任务，发展素质教育，推进教育公平，培养德智体美全面发展的社会主义建设者和接班人。"

基础教育课程承载着党的教育方针和教育思想，规定了教育目标和教育内容，是国家意志在教育领域的直接体现，在立德树人中发挥着关键作用。我们要培养自觉践行社会主义核心价值观，具有社会责任感、创新精神和实践能力的全面发展的一代新人。这是化学课程目标确立的首要依据。基础教育的使命是教书育人。作为未来的教师，首先要具有社会主义核心价值观念，立德修身，以身作则，才能做到素养为本、立德树人。

（一）化学课程目标的内容特征

1. 突出科学探究目标

【结合课程内容融入思政 2：文明—科学精神—科学探究是人们获取科学知识、认识客观世界的重要途径，有对探究结果可靠性评价的意识。】

增进对科学探究的理解、发展科学探究能力，体验到科学探究是人们获取科学知识、认识客观世界的重要途径；意识到提出问题和作出猜想对科学探究的重要性，知道猜想必须用事实来验证；知道科学探究可以通过实验、观察等多种手段获取事实和证据；认识到科学探究既需要观察和实验，又需要进行推理和判断；认识到合作与交流在科学探究中的重要作用。

2. 立足基础知识和基本技能目标

学生学习科学基础知识，不仅仅是对传统文化的继承，更重要的是在一定程度上承担着科学方法和情感态度价值观培养的重任，是终身学习和未来发展的重要基石。基础知识的学习是在一定的情景中、通过不同的活动实现的，因此知识目标达成的过程伴随着学生其他方面的发展。不同国家在课程目标中都非常关注基础知识的落实，制订出不同形式的内容标准，结合具体内容的学习在知识、技能、方法、能力、价值观等多个方面提出要求，体现基础知识学习的价值。

3. 关注情感态度与价值观目标

【结合课程内容融入思政 3：文明—生态文明、爱国—民族精神。】

发展学习化学的兴趣，乐于探究物质变化的奥秘，体验科学探究的艰辛和喜悦，感受化学世界的奇妙与和谐。有参与化学活动的热情，有将化学知识应用于生产、生活实践的意识，能够对与化学有关的社会和生活问题做出合理的判断。赞赏化学科学对个人生活和社会发展的贡献，关注与化学有关的社会热点问题，逐步形成可持续发展的思想。热爱家乡，热爱祖国，树立为中华民族复兴、为人类文明和社会进步而努力学习化学的责任感和使命感。

深入研讨：

（二）普通高中新课程标准的教学目标

1. 基础教育化学课程面临的挑战——普通高中教育的定位

【结合课程内容融入思政 4：文明—国民素质】

讨论：普通高中教育定位是什么？是提高国民素质、面向大众的基础教育，要为学生适应社会生活和职业发展做准备，为学生的终身发展奠定基础。

党的十八大明确提出"把立德树人作为教育的根本任务"，党的十九大进一步强调"落实立德树人根本任务，发展素质教育"，这就要求必须全面落实到普通高中课程方案和课程标准之中。

针对长期以来存在的片面追求升学率的倾向，强调普通高中教育是在义务教育基础上进一步提高国民素质、面向大众的基础教育，不只是为升大学做准备，还要为学生适应社会生活和职业发展做准备，为学生的终身发展奠定基础。

2. 化学课程教学目标：培养化学学科核心素养

素养 1. 宏观辨识与微观探析

通过观察能够辨识一定条件下物质的形态及变化的宏观现象，初步掌握物质及其变化的分类方法，能够运用符号表征物质及其变化；从物质的微观层面理解其组成、结构和性质的联系，形成结构决定性质，性质决定应用的观念；根据物质的微观结构预测物质在特定条件下可能具有的性质和发生的变化，并能够解释其原因。

素养 2. 变化观念与平衡思想

【结合课程内容融入思政 5：自由—马克思主义思想—物质是运动的、运动是物质的根本属性和存在方式】

认识物质是运动和变化的，知道化学变化需要一定的条件，并遵循一定规律；认识化学变化的本质是有新物质生成，并伴有能量的转化；认识化学变化有一定限度，是可以调控的。能够多角度、动态地分析化学反应，运用化学反应原理解决实际问题。在对物质基本结构和性质理解的基础上，掌握不同物质的变化规律及其达到平衡的条件。

素养 3. 证据推理与模型认知

初步学会收集各种证据，对物质的性质及其变化提出可能的假设；基于证据进行分析推理，证实或证伪假设；能够解释证据与结论之间的关系，确定形成科学结论所需要的证据和寻找证据的途径；认识化学现象与模型之间的联系，运用多种认知模型来描述和解释物质的结构、性质和变化，预测物质及其变化的可能结果；依据物质及其变化的信息建构模型，建立解决复杂化学问题的思维框架。

素养 4. 科学探究与创新意识

【结合课程内容融入思政 6：文明—科学精神—尊重事实和证据，不迷信权威，具有独立思考、敢于质疑和批判的创新精神】

认识科学探究是进行科学解释和发现、创造和应用的科学实践活动；能够发现和提出有探究价值的问题；从问题和假设出发，确定探究目的，设计探究方案，进行实验探究；在探究中学会合作，面对"异常"现象敢于提出自己的见解。

发现和提出有探究价值的化学问题，依据探究目的设计并优化实验方案，完成实验操作，能够对观察记录的实验信息进行加工并获得结论；和同学交流实验探究的成果，提出进一步探究或改进实验的设想；尊重事实和证据，不迷信权威，具有独立思考、敢于质疑和批判的创新精神；强调在基本化学观念和化学思维基础上的实践。

素养 5. 科学态度与社会责任

【结合课程内容融入思政 7：法治—责任意识—能够运用已有知识和方法综合分析化学过程对自然可能带来的各种影响，权衡利弊，勇于承担责任，积极参与有关化学问题的社会决策】

具有终身学习的意识和严谨求实的科学态度；崇尚真理，形成真理面前人人平等的意识；关注与化学有关的社会热点问题，认识环境保护和资源合理开发的重要性，具有可持续发展意识和绿色化学观念；深刻理解化学、技术、社会和环境之间的相互关系，赞赏化学对社会发展的重大贡献。

通过核心素养 5，形成基本化学观念，获得化学思维，并通过具体实践的过程逐步形成的科学精神和社会责任。

观摩微课教学案例《金属的腐蚀》，分析并点评案例，突出核心素养目标的设计与实施，关注其中如何结合金属的腐蚀知识进行爱护资源教育和爱国情感教育。

巩固加深：请同学们研读《普通高中新课程标准（2017 年版 2020 年修订）》中化学课程理念、学科核心素养与课程目标部分内容。

资料使用：结合本节知识观摩微课案例《铵盐的化学性质》，体会微课教学中课程目标的落实过程。

总结拓展：通过本节课的学习，明确化学课目标的内容标准及制定依据，理解我国中学化学课程的总目标是培养学生的核心素养，感受化学课堂教学中化学教师如何落实化学课程目标。

六、教学反思

（1）结合具体教学内容，融入思政教育，达成价值塑造、能力培养、知识传授三位一体的课程目标，注重思政教育与化学教学论课程内容的有机融合。

（2）教学方式多样，采用讲授式、讨论式、案例式多种教学方式，教学活动内容丰富多样，学生参与度高，能够从单一传授知识向培养学生能力转化。体现以学生为中心，着眼于学生创造能力及实际解决问题能力的发展，以"做中学"的形式获取知识，增长才干，进而形成现代化学教师的基本教育教学能力和进行教学研究的能力。

（3）有效利用现代信息技术，实现信息技术与教育教学的深度融合。激发学生的学习兴趣，构建学生主动学习，有利于个性发展的教学新模式，促进课堂教学中学生的参与性和互动性，提高学习效率。更多关注学生的学习过程、学习效果和综合发展，突出学生实践能力、创新能力、道德情操等关键目标培养。

（4）及时更新教学内容，将普通高中化学新课程标准内容融入教学内容。体现课程内容的时代性，增加课程内容的前沿性。

（5）存在的问题：教学内容较多，总担心学生学得少，总想让学生了解更多，应注意关注学生接受能力，精炼教学内容，突出核心内容和学科观念，协调好能力培养与素质提高，不纠结于知识点的全而多。

七、教学成效

（1）学生坚定了教师职业信念，掌握了教学方法，积累了教学经验，了解中学化学教学现状，熟悉课程设置。

（2）近几年的化学专业师范毕业生，多名同学在校期间参加顶岗支教活动，暑期"三下乡"活动，社会反响良好，受到用人单位好评。

（3）化学专业学生考研以学科教学（化学）专业硕士比例最高，毕业就业去向以教师岗位为主，有许多同学去从事乡村教育，去参加志愿服务西部计划。工作中他们能够迅速适应教学岗位，表现突出，专业发展后劲大，成长较快。

（4）历年来我院化学专业师范生在全国各类化学专业师范生教学素质大赛中均取得优异成绩。

（5）学生在教师的指导下发表相关研究论文多篇。

模拟电子技术课程思政教学案例

单位：物理与电子工程学院　作者：付东辉

一、基本信息

课程名称：模拟电子技术

授课对象：电气工程及其自动化专业、电子科学与技术专业的学生

教学章节：第一章第三节

使用教材：《模拟电子技术基础》（第五版）

二、课程思政教学改革整体设计思路

习近平总书记在全国高校思想政治工作会议上指出，要把高校的思想政治工作贯穿于教育教学的全过程，实现全程育人、全方位育人，高校思想政治工作要坚持把立德树人作为中心环节。模拟电子技术课程是高校理工科电气、电子、通信、机电类专业的主干课程，本课程主要学习半导体基础知识、半导体二极管、晶体三极管、场效应管、基本放大电路、集成运算放大电路、负反馈放大电路、信号的运算和处理、波形的发生和信号的转换、功率放大电路、直流稳压电源等内容，本课程在课程体系中起到承上启下的作用，是普通高校关键课程之一。为落实教育工作立德树人的根本任务，对模拟电子技术课程思政教学进行有益的探索。教学过程中，坚持价值引领与知识传授并重，坚持根据教学内容适时引入恰当思政元素的原则，修订课程大纲，在专业知识的讲授过程中融入思政元素。精心进行教学设计，改革教学方法和手段，采用讲授式、讨论式、启发式相结合的教学方法。改革课程评价方式，在考核评价上体现多元性、激励性，注意过程性考核，实现多方位对学生进行综合评价。模拟电子技术课程实施课程思政，目的是充分调动学生学习的积极性和主动性，激发学生的求知欲，培养学生脚踏实地、积极探索、精益求精的工匠精神，使学生获得专业知识的同时树立远大的理想信念，具有强烈的社会责任感，促使学生提高思想政治素养，使学生成为全面发展

的社会需要的人才。

三、教学目标

1. 知识与技能目标

了解晶体管的发展历程，掌握晶体管的结构、电流放大原理及其电流分配关系，理解晶体管的输入、输出特性，了解晶体管主要参数。让学生学会分析晶体管的工作原理，掌握晶体管进行电流放大的条件，能够根据已知条件判断晶体管三种工作状态。培养学生对专业知识的学习兴趣和学以致用的成就感。

2. 思想政治教育目标

学生们不仅学习专业知识，还学习科学家夜以继日、不断探索的科学精神，激励学生树立远大理想，继承优秀的民族精神，刻苦读书，掌握现代科学技术，肩负起国家民族繁荣富强的责任——实现中国梦。同时使学生掌握唯物辩证法的内因和外因关系，理解马克思主义的基本原理在模拟电子技术课程中的应用。

四、教学重点难点

教学重点：晶体管的结构、电流放大原理及电流分配关系、晶体管三种工作状态的判断。

教学难点：晶体管电流放大原理。

五、教学过程

本节课为模拟电子技术第一章（常用半导体器件）第三节（晶体三极管）内容，主要内容包括晶体管的结构和类型、晶体管的电流放大作用、晶体管的共射特性曲线、晶体管的主要参数、温度对晶体管特性及参数的影响。本节课之前学生学习了半导体的基础知识（本征半导体、杂质半导体）、半导体二极管（半导体二极管结构、二极管伏安特性、主要参数、等效电路）等内容，学生具有一定的知识基础。学习本节内容，为后续基本放大电路的学习打下坚实的基础。

在本节课的教学过程中，根据教学内容，适时引入思政元素，坚持将价值引领与知识传授并重原则，通过实际案例，引导学生树立埋头苦读，掌握现代科学技术，将来为祖国的发展和建设贡献自己的一份力量。同时在课堂教学中对学生进行科学思维教育，引导学生形成正确的马克思主义的世界观和方法论，提高辩证思维的能力。课程思政具体教学实施过程如下：

1. 【案例1——学生科学精神的培养】课程教学内容设计

（授课第7—10分钟）结合晶体管的起源融入【思政1：文明——科学精神】

晶体管的诞生是电子技术发展史上的一座里程碑，极大地推动了科技的进步，为后续集成电路的产生奠定了基础。从晶体管的起源和发展历程可以看出凝聚了许多科学家夜以继日、不断探索的科学精神，以此激励学生树立刻苦钻研、不断探索的科学精神。

2. 【案例2——激励学生埋头苦读，掌握现代科学技术，实现中国梦】课程教学内容设计

（授课第11—14分钟）结合我国芯片的研发融入【思政2：富强——科学技术现代化；中国梦】【思政3：爱国——民族精神】

我们国家半导体器件（集成电路）设计方面的研发取得一定的成绩，如华为公司手机芯片麒麟系列芯片的研发等，但和世界先进水平还有差距，因此需要同学们埋头苦读，掌握现代科学技术，为国家民族的繁荣富强而奋斗，实现中国梦。

3. 【案例3——锻炼学生用唯物辩证法的观点思考问题】课程教学内容设计

（授课第23—27分钟）结合晶体管结构和实现电流放大外部条件融入【思政4：自由——马克思主义指导思想】

晶体管若实现放大，必须从三极管内部结构和外部所加电源的极性来保证，内部结构是内因，外部所加电源的极性为外因，锻炼学生用唯物辩证法的观点思考问题。

六、教学反思

本课学生学习晶体管的起源部分，从1904年发明电子管，到1947年晶体管的诞生（因此1956年相关科学家获得诺贝尔物理学奖），再到1958—1959年集成电路的研制成功，使学生认识到晶体管的诞生是电子技术发展史上的一座里程碑，极大地推动了科技的进步，电子管—晶体管—集成电路的研究过程，凝聚了许多科学家夜以继日、不断探索的科学精神，极大地鼓舞了学生的学习热情和认真学好本门课的决心。同时，学生也认识到我们国家虽然在半导体行业取得了一定进步，但距离世界先进水平还有一定距离，因此需要埋头苦干，掌握现代科学技术，为国家民族的繁荣富强而奋斗。学生学习晶体三极管的结构和电流放大作用时，认识到晶体管若实现放大，必须从三极管内部结构和外部所加电源的极性来保证，锻炼了学生的辩证思维能力。

本节课思政元素引入恰当合理，使学生不仅学习了专业知识，同时学习了科学家夜以继日、不断探索的科学精神，因此能够激励学生学习的积极性和主动性，树立远大理想，继承优秀的民族精神，刻苦读书，掌握现代科学技术，肩负起国家民族繁荣富强的责任。同时在学习的过程中锻炼了学生的辩证思维能力，促进了专业知识的掌握，整体教学效果较好。

我们专业是二本招生，部分学生的学习基础略差，因此学习有一定困难，同时个别同学的学习态度也有待提高，因此模拟电子技术课程思政教育有一定难度，今后应该对这部分学生采取个性化辅导，力求全部学生保质保量地完成学习任务。

在模拟电子技术课程思政建设过程中，由于课时等原因，偏重于专业理论知识的传授，而对与课程相关的思政素材收集不够全面，教师自身的政治理论知识的储备也不足，致使在课程建设过程中融入思政元素不一定全面。另外，在思政元素融入课程建设过程中，有些思政元素的融入还比较生硬，没有能够完全做到"潜移默化，润物无声"的效果。

课程思政是一个系统工程，课程建设和改革需要持续探索、深化和完善，因此教师必须不断地进行政治学习，提高自身的政治站位和思想政治水平，把立德树人作为课程建设的中心环节，把思想政治工作贯穿教育教学全过程。同时要在总结、借鉴已有成功实践的基础上，结合模拟电子技术自身课程的特点，实现思想政治教育与专业课程的有机对接，进而形成适合本门课程融入思政元素的完整教学体系。

七、教学成效

模拟电子技术课程自从开展课程思政以来，重新修订了课程教学大纲，确立"知识、技能传授与价值引领相结合"的课程目标，并结合课程教学内容实际明确思想政治教育的融入点、教学方法和载体途径。通过充分挖掘模拟电子技术课程教学内容中所蕴涵的辩证唯物主义思想，有机结合课程教学内容进行教学设计，使专业知识与思政元素有机融合。在课堂教学中适时引导学生形成正确的马克思主义的世界观和方法论，提高辩证思维的能力。根据教学内容，适时地引入恰当思政元素的原则，把思想政治教育很自然地融入课堂，将教书育人的内涵落实在课堂教学主渠道，突出育人价值，使学生树立远大的理想信念，具有强烈的社会责任感，具备终身学习能力、自主发展能力和沟通合作能力。改革教学方法，采用讲授式、讨论式、启发式相结合的教学方法，优化教学方式，加强引导探究，以学生为中心，更多关注学生的学习过程、学习效果和综合发展。突出学生实践能力、创新能力、道德情操等关键目标培养。增强了学生学习的积极性和主动性，有利于学生对知识的掌握，激发了学生的求新意识，培养学生归纳综合和分析推理的能力，有利于学生创新能力的培养。

生物技术制药课程思政教学案例

作者：生命科学与技术学院　作者：王春花

一、基本信息

课程名称：生物技术制药

授课对象：生物技术专业的学生

教学章节：绪论

使用教材：《制药工艺学》

二、课程思政教学改革整体设计思路

（一）指导思想

绪论是课程内容的重要组成部分，是课程的精华所在，一节好的绪论课可以起到承上先修课程重要知识回归、启下本门课程重点知识梗概，是学生初期对课程学习兴趣养成的关键，通过思政元素的加入丰富了绪论章节的内容与作用，实现知识、思政、素质、能力培养的多目标。

（二）拟解决的重点问题

多层次挖掘思政元素，利用网络资源多途径无痕迹融合到课程内容中，实现课程思政教育的目标。

（三）教学方法及途径

教学环节包括课前推送相关思政资料，如视频与报道等，在预习知识的同时宣扬科学家的严谨、求真、探索、创新的科学精神以及胸怀祖国、服务人民的爱国精神。课中重视知识与情感、能力培养的结合，通过热点研究、热门话题加深知识的理解，挖掘与拓展思政内容，通过提问与讨论相关话题，宣传党的路线、方针与政策，潜移默化地强化学生拥护党领导下中国特色社会主义发展的坚定信心。课后作业与主题讨论注重综合能力培养，通过作业加强重要知识点的掌握，讨论检验课程知识、素质、思政目标的达成度。

（四）预期成效

通过三个教学环节实现学生了解中国生物技术制药相关的重要科学家事迹、国家医药重要决策、十四五生物经济计划、我国生物技术制药的突破进展等，深植科学精神、爱国主义精神与探索创新精神，加强国家自信。

三、教学目标

（一）知识与技能目标

了解生物技术药物的重要技术、重磅药物、研究历史、进展与发展前景。掌握生物技术药物的分类、特性和相关的重要定义。加强学生科学探索、反思与创新的能力，综合运用知识综合分析、解决问题的能力。

（二）思想政治教育目标

深植科学精神、爱国主义精神与探索创新精神，加强国家自信。

四、教学重点难点

教学重点：理解生物技术制药的重要地位以及与先修课程中基因工程、细胞工程、发酵工程等技术的联系，梳理课程梗概，学生了解课程重要性与课程内容，提高课程学习兴趣。

教学难点：在教学中如何潜移默化地实现思想政治教育目标。

五、教学过程

课前： 在课前利用线上资源助力学生课前预习，通过课前发通知，布置学习任务以及课后作业，线上组织学生观看课程知识点视频、纪录片与热点新闻，预习重要知识点，了解知识点相关热点话题，实现课中讨论与教学内容的导学，所选话题围绕课程思政内容，对学生进行潜移默化的课程思政教育。

课中： 以"十四五"时期经济发展目标中生物经济内容导入课程，强调生物技术制药未来发展前景与重要地位，提出生物技术制药的定义。通过讲授法利用PPT演示讲解生物技术制药相关的四大生物技术与发展简史、生物技术药物的分类。在讲解生物技术制药高药价时，以 2021 年新注册的全球最贵药物索伐瑞韦（Zolgensma）为例，引出与 2021 年医保谈判的焦点药物诺西那生钠（Spinraza，与 Zolgensma 有相同治疗适应症），并进行医保谈判热门话题讨论，总结介绍我国医改进展，医保谈判为老百姓做的实事。讲述生物技术制药特征、应用与我国生物技术制药现状、发展前景。2021 年授权上市的中国首个第三代酪氨酸激酶抑制剂（TKI），再显中国科研实力。并以此引入我国生物技术制药现状和发展前景。通过生物技术药物研究新方向、前沿技术分享，提高学生的眼界与创新思维能力，激发科学探索热情。

剖析本门课程主要讲解内容与应用案例，为后期各章节学习打基础。在基因工程制药部分，通过全球第一个基因疗法药物中国独立自主知识产权的"今又生"，我国第一个基因工程药物重组干扰素 a-1b 开创人侯云德的事迹，提高学生爱祖国、爱人民的使命感。在抗体工程技术制药部分，以抗癌神药 PD-1 抗体介绍 2018 年诺贝尔奖研究者的贡献和研究思路，强调我国 2021 年实现 PD-1 抗体的自主专利，以展示我国科学研究实力，参与科学前沿问题能力，并在讲解内容中强调未来在细胞工程制药章节将以 PD-1 抗体制备为案例，以提高学生的学习热情。在疫苗工程制药中，在众多课程挖掘新冠疫情中思政教育的背景下，另辟蹊径利用电影引入大国担当、家国情怀的思政元素。最后，课中梳理本节课知识重点，讨论生物技术制药与其他制药的区别，并强调课程目标与考核方法。

课后： 课后通过学习通平台发布作业与讨论问题，学生在平台中参与讨论，通过讨论回馈与问题收集进行重要知识点答疑，并把答疑的相关知识点发布在学习通上进一步加强学生知识点的掌握。

六、教学反思

（一）教学总结

本次教学多层次挖掘思政元素，通过家国情怀、大国担当、科研探索与创新等方面深植科学精神与爱国精神，增强国家自信。在教学思政中利用纪录片、报道、电影与热门话题讨论融入思政教育。教学过程采用课前、课中、课后三个环节，实现了课前有效导学，课中完成知识点的拓展与应用，课后查缺补漏、巩固知识。另外，在绪论部分的教学中介绍了生物技术制药各章节内容、重要知识点与应用，并引入了热门药物、前沿科学、热点话题等，学生展现出对本门课程浓厚的学习兴趣，较好地完成绪论部分授课目标。

（二）不足与措施

在教学设计中以先修课程的技术为脉络进行内容梳理与讲解，预期可达到学生互动的效果，增加学习热情。但在实际授课中发现大部分学生对先修课程的技术有遗忘或记忆不清的现象，学生互动效果不佳，为达到预期目的，这可能与先修课程与本门课程所授学期间隔太长有关。因此，在未来的课程中涉及先修课程内容可以通过梳理与本门课相关的先修课程知识点，通过课前发布知识点预习条目，学生复习相关已学知识点，解决因遗忘相关知识而导致互动的效果差的问题。另外，本节课三次讨论的数据中显示有部分同学讨论均未参与的现象，这与部分学生未充分重视讨论有关，因此后续应将线上讨论次数作为课堂表现评价的一部分，以促进参与的积极性。

七、教学成效

在专业知识与应用方面，学生能够掌握典型或热点生物药物的开发、制备与应用，可以利用已学知识分析热门生物药物的开发手段，并针对热门研究领域问题提出个人见解。

在探索与创新能力方面，学生能够对本专业以及跨学科交叉领域相关问题进行综合分析和研究。学生具备设计课题，并提出分析思路与解决方案。激活学生科研参与热情，踊跃参加科研活动，学生能够独立主持创新创业项目，并在创新创业大赛中荣获佳绩。

在思政方面，学生了解生物技术制药相关的国家新政策与计划、国家医疗改革情况、杰出科学家事迹、国家生物技术药物最新进展等，增强了国家自信。

在课程影响力方面，以生物技术制药为核心内容申请获批创新创业教育课程立项。以创新创业为导向，激活生物技术制药课程活力，提高学生的科技创新与成果转化能力，拓展与延伸生物技术制药课程的影响力。

软件质量保证与测试课程思政教学案例

单位：计算机与信息技术学院　作者：丁蕊

一、基本信息

课程名称：软件质量保证与测试

授课对象：2021 级软件工程专业学生

教学章节：第四章第四节

使用教材：《软件测试案例教程》

二、课程思政教学改革整体设计思路

课程整体设计是基于扩展的成果导向教育（Outcomes-Based Education，OBE）教学理念。展开来说，就是以成果为导向，以学生为中心，以问题为主线，以灵活应用为目标，通过教师引导，学生归纳，层层深入，并融合思政元素和科研内容，实现知识技能和思政育人的双重目标，并在课程实施过程中不断改进。

教学方法选择：分析本节内容课程特征，由于是讲解三种极其相似的面向覆盖的测试，需要细致辨析、深入理解几种方法的特点、区别与联系，故此采用讲授、讨论和翻转课堂的方式。

学生首先观看超星尔雅平台上的校本视频，在学习通上签到并回答学习效果检验题目；然后进入课堂，跟随教师层层深入讨论，理解问题实质；最后以软件评测师考试的题目作为练习作业，检验学习效果。

本节课程中涉及以下两个方面：

1. 教学内容创新，思政教育内融于水

在常规内容基础上，将科研点、思想元素与课程知识技术内容相融合，使课程思政元素如水般渗透到整个教学过程中，培养爱国思想、工匠精神和工程化思维方式，实现教学内容创新。科研元素和就业内容的融合解决了校园知识与升学就业所需知识相割裂的问题。

2. 教学组织创新，思政效果外化于形

课内设计基于项目的小组教学模式，实现同学间的协作进步。课外，在讨论和学习中形成以强带弱的自适应成长模式。将团结协作、探索创新和工匠精神的课程思政教育外化为具体行为，解决学生学习能力良莠不齐导致的教学效果差的问题。

三、教学目标

1. 知识与技能目标

知识目标：

（1）理解语句覆盖、判定覆盖、条件覆盖测试用例的设计思想；

（2）掌握面向语句、判定覆盖、条件覆盖测试用例的设计方法；

（3）领会语句覆盖、判定覆盖、条件覆盖三种方式间的联系和差异。

技能目标：

（1）分析：能够根据问题特征，分析使用哪种测试用例设计方法；

（2）应用：对于给定的具体程序段，能够设计面向三种覆盖的测试用例。

2. 思想政治教育目标

（1）培养学生严谨的工匠精神；

（2）工程化的思维方式。

四、教学重点难点

教学重点：基于语句覆盖、判定覆盖和条件覆盖设计测试用例。

教学难点：面向判定覆盖与条件覆盖的测试用例设计方法间的区别。

五、教学过程

总体思路：首先，同学们在学习完线上校本视频之后，完成学习通上的题目检验学习效果；然后，进入翻转课堂，设置各类场景，层层深入讨论，理解三种设计方法的实质；最后，归纳总结，并以软件评测师考试真题为例，检验学习效果。整个授课过程中融合思政元素和科研内容。

1. 问题导入

同学们在看过视频之后，思考以下问题：

问题 1：语句覆盖走过的路径，一定会是判定覆盖走过的路径吗？

问题 2：条件覆盖走过的路径 ace，与判定覆盖走过的 ace，可以设计相同的测试数据吗？

问题 3：面向覆盖的测试问题，要怎样分析求解？

2. 内容讲解

解决问题 1：通过反例说明实例中语句覆盖和判定覆盖走过的路径恰巧是同一条路径，但也有不一致的场景。

反例说明：当第二条可执行语句位于假分支上时，则语句覆盖和判定覆盖可能会走过不同的路径。

深入讨论：当语句覆盖与判定覆盖走过相同路径时，测试数据是一样的吗？

分析实例，学生归纳出结论：面向判断覆盖的测试数据设计需要考虑判定条件，使其真假判定都走过，但当走过的路径相同时，测试数据会同时满足语句覆盖和判定覆盖。

解决问题 2：通过分析真假取值组合理解：条件覆盖走过的路径 ace，与判定覆盖走过的 ace，在设计测试数据时很可能不同。

反例说明：对于复合条件的判断框，需要分别考虑每个条件的真假取值。比如 A 与 B 作为判定框，单个条件 A 为真时，如果 B 为假，则整个判断框的结果是假，此时条件 A 的值与判定框的值是不一致的，相应的测试数据也不能一致。

深入讨论：什么时候设计的测试数据可以相同呢？

当判定框中是单独的条件时。

【思政元素：工匠精神，细致严谨——在上面的实例中，需要细细地分析各种可能的情况，考虑各种反例，透彻理解，灵活应用，此时特别需要细致严谨的工匠精神。】

继续深入：绘制控制流图时，为什么要把判定框的复合条件，化简为单条件？

【科研元素】当每个判定框都是单条件时，则每条路径要求的数据约束是固定的，既可以通过路径唯一地确定走过的判定或条件，这种确定性使得整个过程能够用算法编程实现，从而实现测试自动化。

解决问题 3：通过刚才分析实例的过程，由学生全面总结面向覆盖的测试用例设计方法，其分析和求解问题的思路。

求解思路：（1）根据覆盖的要求分析具体条件；（2）写出路径；（3）根据路径和条件设计测试用例；（4）计算预期的结果写出完整的测试用例。

【思政元素 2：培养工程化的思维方式，规范地表达——由于分析过程的复杂性，在面对实际问题时，必须用工程化的思维方式规范表达，避免分析内容的遗漏，使问题考虑全面。】

3. 归纳总结

三种覆盖方法之间的关系，面向覆盖路径测试法的设计思路。

4. 习题练习

软件设计师考试练习题。

六、教学反思

根据教学内容确定教学方式。由于本节内容涉及的知识点差异细致又很重要，为更好地保证学习质量，采用"课前线上视频+课上翻转课堂"的教学方式。

1. 本节的优点

（1）课程内容具有高阶性。本次教学活动中，学生首先观看视频学习，然后进入课堂，由问题导入深入思考，理解问题实质，达到能够灵活应用知识点的效果。整体课程内容饱满，问题层层深入，具有高阶性。

（2）多种方式了解学习效果。使用课内习题检验视频学习效果，翻转课堂让学生讲解，检验学生对问题的理解程度。通过问卷等与学生良性互动，能够基本了解学生状态。

（3）思政融合自然流畅。授课过程中融合思政元素，引导学生感受工匠精神，训练工程化思维和规范表达的能力，思政元素如盐化水地融入课堂中，自然流畅。

2. 本节的不足之处

（1）在翻转课堂的过程中，同学们只愿意声音出镜。没有强制同学视频听课（也是因为视频后大家网络都会非常卡）。

（2）科研点的融入不够自然透切。由于时间限制，直接点题的科研点让同学知道问题所在，但不知道科研点的求解思路。

（3）需要进一步思考检验学习效果的方法。虽然目前使用习题的方式检验学习效果，但题目大多是选择题和判断题，不能排除学生随意选择答案的情况。为了克服这个不足，已采用翻转课堂的方式让学生讲解，但课堂时间限制，涉及的学生人数很少。

3. 问题的解决方案

（1）科研点的融合问题。未来考虑以自动化求解问题的方式引出科研点，先激发兴趣，再引导思考。

（2）考虑设置基于项目的系列问题，采用小组汇报的方式，让小组内同学分别承担不同工作，汇报时则能够同时检验多名同学的学习效果。

七、教学成效

知识技术角度：通过本节课的学习，同学们掌握了面向语句覆盖、判定覆盖和条件覆盖的测试用例设计方法，理解了三种方法间的区别和联系，能够对于具体问题，灵活设计测试用例。

思政角度：通过测试用例的设计，同学们更加深刻地感受到采用工程化思维方式开展工作的重要性。通过对三种面向覆盖测试方法的辨析，也感受到工匠精神，对于具体的测试工作，需要细致严谨认真。

就业准备：在学习通平台上的讨论可知，同学们也已对测试工作有了进一步的理解，除书本知识外，也更多地了解了软件测试涉及的工作岗位，后续将面向测试岗位的技术和能力需求有针对性地补充知识，提早为就业做准备。

在近几年的教学中，课程团队不断探索将思政元素融入软件质量保证与测试课程中的方法。根据教学内容和学情现状分析调整教学模式，通过全国性的学科竞赛、科研活动和软件测试兴趣班等形式，使不同学习程度的学生可以参与不同类型的活动，将思政元素外化为日常学习和训练行动；逐渐形成课堂内外、课程前后、以赛促学、科研提升的综合培养模式，关注学生在课程结束后的学习成长，最终实现以学生为中心、面向就业和升学、因材施教的长程培养。

小学数学课程与教学论课程思政教学案例

单位：教育科学学院　作者：李树平　张雨

一、基本信息

课程名称：小学数学课程与教学论

授课对象：小学教育专业学生

教学章节：第三章第三节

使用教材：《小学数学教学论》

二、课程思政教学改革整体设计思路

（一）中华优秀传统文化、革命文化和社会主义先进文化教育

从"核心素养"至"数学核心素养"，利用中国知网的可视化数据及 2016 年创建的教育部中国学生核心素养发展体系课题组等大数据信息和国家政策的实施，展示课题内容源头，从发展中了解国家对学生发展需求的关心与尊重，以此弘扬和传承国家先进文化教育。

（二）职业素养教育

结合本章节知识点及学生职业所需，探讨问题主要围绕以下几个方面：小学生应具备的数学核心素养包含哪些内容？"数感"在小学数学教学中如何体现与培养？在这些问题的讨论中促使学生表达具有正能量的意见、情感、观点等，遵循教育规律，尊重学生需求，在经历发现问题、解决问题能力的过程中锤炼心志和养成品行。

（三）实事求是、开拓进取的品格教育

学生在"数的概念"案例教学中体会"数感"在数学学习中的应用及数学教学中的价值，利用原有理论知识及实践经验解决培养小学生"数感"的实际问题，用新时代发展下的教学手段、教学设计或实施打开教学新局面，构建学生实事求是、开拓进取的成长观。

三、教学目标

（一）知识与技能目标

经历探讨数学教学案例的过程，进一步发展学生从具象到抽象的数学思维能力，学生在发现、提出、分析问题中创造新颖、积极的思想观点，并能够正确地对待和处理此类教育教学问题。

（二）思想政治教育目标

热爱民族文化，增强对国家培养育人等历史、文化精神的认同感；富有正确的职业价值观，学会关注小学生思维、能力的发展特点，在此基础上掌握科学的方法教书育人。

四、教学重点难点

教学重点：在实际教学案例中理解数感的概念。

教学难点：用辩证的思维解析数感、量感之间的概念区分。

五、教学过程

（一）"数感"的追根溯源

1. 教师活动

回顾"核心素养"的定义：核心素养是指学生应具备的，能够适应终身发展和社会发展需要的必备品格和关键能力。围绕国家对学生的人格、能力等培养方面的探讨，联系战国时期孟子提倡的"大丈夫"标准，到近代蔡元培提出的五育并举，再到如今的核心素养，基于历史，渗透中国育人文化。

2. 学生活动

学生对人才培养方面的理解以及核心素养在育人培养中的体现和发展。

3. 思政元素渗透

从"核心素养"至"数学核心素养"，利用中国知网的可视化数据及 2014 年创建的教育部中国学生核心素养发展体系课题组等大数据信息和国家政策的实施，展示课题内容源头，从发展中了解国家对学生发展需求的关心与尊重，以此弘扬和传承国家先进的文化教育。

（二）实践教学中的"数感"

1. 教师活动

"100 以内数的认识"案例：某位老师课前给每个学生一个袋子，每袋子 100

颗黄豆，上课了，要求学生把豆子倒在桌面上，让孩子估袋子里有多少颗？大家根据以往的教学经验预设一下学生会发生什么情况？①玩闹的同学。②乖巧听教师要求开始猜10颗、18颗、20颗，为什么？（学习数字100之前只学习到了有20以内的数）③注意观察学过100以内数字的学生的反应。思考教师设计初衷和最终效果之间差异性的问题出现在哪里？

"1000以内数的认识"案例：估算一沓A4纸，反证成人和小学生一样是否缺乏1000以内的数感。思考问题的关键矛盾？

2. 学生活动

思考案例一教师设计的初衷和最终效果之间差异性的问题出现在哪里？

思考案例二问题的关键矛盾？

3. 思政元素渗透

（1）职业素养教育

结合本章节知识点及学生职业所需，探讨问题主要围绕：忽视学生原有经验、数感量感不分、选择学生不熟悉的量等问题，促使学生表达具有正能量的意见、情感、观点等，遵循教育规律，尊重学生需求，在经历发现问题、解决问题能力的过程中锤炼心志和养成品行。

（2）实事求是、开拓进取的品格教育

学生在"数的概念"案例教学中体会"数感"在数学学习中的应用及数学教学中的价值，利用原有理论知识及实践经验解决培养小学生数感的实际问题，构建学生实事求是、开拓进取的成长观。

（三）"数感"的梳理与呈现

1. 教师活动

总结数感的概念，以及数的概念教学中数感的培养策略，以及布置学生思考在计算教学中如何培养小学生数感？

2. 学生活动

学生总结本小节的重要知识点，并且阐述对计算教学中如何培养的思考。

3. 思政元素渗透

学生通过辨析教学情境多样性，在符合学生学情的基础上创设新情景。

六、教学反思

（一）教师的思政素质有待提高

目前仍有部分教师对思政教育的认识不足，因为教学任务繁重，同时还要利用空余时间开展学术科研活动或者学历教育，所以被动地进行思政教育效果不佳。教师本身的思想政治知识体系不完善、对于思想政治教育涵盖的内容概念模糊，因此不能实现有效地发掘和融入。

（二）思政融入的痕迹感强

思政理念在专业课程的教育中属于隐性的融入方式，讲求的是"润物无声"。但是在尝试的过程中，由于理论水平有限、经验不足，在教学内容、教学设计和方法的运用方面不能有效地结合，会有痕迹感强、有刻意为之的感觉。

（三）教学方式吸引力不够

在思政元素与专业课程的融合过程中选择合适的教学方法对思政课的开展起到事半功倍的效果；反之则会削弱学生对课程的兴趣与热情，降低教学效果。因为教学内容繁多、课时紧张导致授课中采用相对单一的教学方式进行授课、即以教师讲授为主的单向灌输方式，如此一来，师生之间的互动就少了，学生的主动性也降低了，这不利于学生综合素质和能力的培养。

七、教学成效

案例中，学生通过中国知网的可视化数据把握教育中的热点话题，对学生收集信息、分析数据的成长具有一定的帮助作用，在理解"核心素养"这个关键词的过程中对国家培养人才的先进理念表示认同，并在小学实践教学中理解"数学核心素养"的概念，把握正确的育人导向，最后学生阐述及梳理"数学核心素养"的培养方式，通过一系列的教学环节，授课内容与思政内容相结合，实现思政育人目标，真正做到"教书育人"。

制药工艺学课程思政教学案例

单位：生命科学与技术学院　作者：张蕾

一、基本信息

课程名称：制药工艺学

授课对象：2019 级制药工程专业的学生

教学章节：抗生素生产工艺

使用教材：《制药工艺学》

二、课程思政教学改革整体设计思路

国家对各大高校教育问题的高度重视，在教学过程中，我们要培养学生的爱国主义、集体主义精神，树立社会主义民主法制意识，遵守国家法律和社会功德，并逐步形成正确的世界观、人生观、价值观，具有社会主义责任感，成为有理想、有道德、有文化、有纪律的"四有"青年。

医药产业被誉为 21 世纪的朝阳产业，与人类的健康密切相关，世界各国均将其列为优先发展的优势产业。从药物的研发到上市销售的整个"制药链"中，药品生产占有重要地位。制药工艺学是制药工程专业本科学习过程中的一门重要的专业核心课程，在专业的培养体系中占据重要地位，也是化学、生物工程等相关专业的重要选修课。制药工艺学所研究的制药工艺是药物生产的核心技术，属于现代医药行业的关键技术领域，直接关乎到药品生产质量。它的主要任务是通过设计与选择、研究药物大规模生产的工艺条件与设备选型，制定最安全、最经济、最可行的工艺路线与工艺过程。工艺过程是由直接关联单元操作的次序（包括化学合成反应或生物合成反应过程及后期的分离纯化过程）、操作条件（如物料组成、温度与压力、催化剂与时间、搅拌与通气）与质量控制等组成。此外，制药工程专业的毕业生就业领域涵盖了药物相关的研发、生产、质检和营销的相关岗位，其工作内容关乎着广大人民群众的健康问题，因此，在制药工艺的课程教育中开展课程思政尤为重要。从理论学习的知识体系中，挖掘思政内容并融入思政元素，通过调查问卷、课程讨论等方式与课程思政的有机融合，在教学中更加强调知识技能的训练和价值导向的统一，以达到立德树人的教学目的，从而构建完善的课程思政体系并付诸实践，培养学生爱国精神、创新精神、法制观念和安全意识。

三、教学目标

（一）知识与技能目标

掌握生物类药物、化学类药物的生产工艺。将制药理论知识与具体生产知识实践相结合，为学生今后从事药物开发、工艺研究及生产工艺流程、质量控制等方面的工作奠定基础。

（二）思想政治教育目标

培养人文情怀、锻造品格，在学习过程中不仅传授学生知识、技术，传播文化和情感，在课程中也要不断探索并深入挖掘思政的知识点，将其蕴含的思政元素，如爱国情怀、创新精神、法制观念和安全意识融入其中，在实现教学目标的同时，达到思政教育的目的。

四、教学重点难点

教学过程中的创新授课方式以及培养学生的创新意识。比如讲到目标基因与载体的连接方法时，因单酶切产生的黏性末端可能会反向插入，让学生去思考怎样用学过的工具酶去解决这个问题；对于平末端不易连接的问题，可以用怎样便捷的方法去解决，培养学生的自主思考能力，创新精神。

五、教学过程

在制药工艺这门课学习中能理解制药工艺研究的核心任务，并掌握制药工艺路线设计与选择方法、制药工艺优化方法、制药工艺放大方法、废弃物处理等制药工艺研究共性技术。能够初步解决复杂制药工艺问题，比如初步能够对制药工艺路线进行设计、选择和评价，初步能够制定质量可靠、经济有效、过程安全、环境友好的工艺路线与工艺过程；初步能够对制药工艺从不同水平（小试和中试）进行优化；初步能够进行质量控制等。养成夯实基础和严谨治学的态度；具备家国情怀和培养艰苦奋斗的创业精神，塑造质量可靠、环境友好和安全生产的职业素养；养成自学和终身学习能力；培养评价、批判、创新等高阶思维能力。

例如在讲授青霉素生产工艺过程中，首先介绍青霉素的理化性质，它是发现最早、最卓越的一种 B-内酰胺类抗生素，它是抗生素工业的首要产品，青霉素是各种半合成抗生素的原料，青霉素的缺点是对酸不稳定，不能口服，排泄快，对革兰氏阴性菌无效。青霉素经过扩环后，形成头孢菌素母核，成为半合成头孢菌素的原料。以青霉素生产这一堂课为例进行说明：

教学过程

教学设计——抗生素生产工艺

1. 教学目标：掌握青霉素生产工艺。

2. 重点难点：青霉素生产工艺控制。

3. 教学方法：引导法、启发法、讲授法相结合。

4. 教学实施

（1）复习提问：哪些类型微生物能够进行生产发酵及其有哪些影响因素？

（2）导入主题：青霉菌生产发酵会产生什么？

（3）内容实施：

1）介绍抗生素在日常生活中的重要意义，介绍青霉素发现的故事导入本节内容；

2）讲解青霉素生产工艺过程：

引入思政元素：善于发现，敢于创新

3）讨论青霉素生产工艺意义；

4）总结本节讲授的重点内容和难点内容，布置作业。

（4）板书设计：

抗生素生产工艺

一、抗生素的作用机制

二、青霉素生产工艺

1. 菌株选择、培养过程；

2. 菌丝发育过程，工艺条件控制；

3. 青霉素的提取分离纯化；

4. 后期加工及成品检验。

三、青霉素的菌丝变化

第一期：分生孢子萌发，形成芽管，原生质未分化，具有小泡；

第二期：菌丝繁殖，原生质体具有嗜碱性，类脂肪小颗粒；

第三期：形成脂肪包含体，积累储蓄物，没有空洞，嗜碱性很强；

第四期：脂肪包含体形成小滴并减少，中小空泡，原生质体嗜碱性减弱，开始产生抗生素；

第五期：形成大空泡，有中性染色大颗粒，菌丝呈桶状。脂肪包含体消失，青霉素产量提高；

第六期：出现个别自溶细胞，细胞内无颗粒，仍然桶状，释放游离氨，pH 上升；

第七期：菌丝完全自溶，仅有空细胞壁。

四、青霉素分离纯化

（5）课内讨论：如何提高青霉素产量。

（6）总结：总结本节课重点内容及青霉素的生产流程。

六、教学反思

首先，本文结合制药工艺学的专业课特点和当代大学生的现状，在教学过程中融入爱国主义精神，塑造学生的家国情怀，提高民族自尊心和自豪感。其次，通过介绍青霉素发现的故事，有效地激发学生的时代创新精神。最后，结合药物制造和使用的相关内容使学生树立了正确的观念和安全意识，为培养德才兼备、才学兼优的制药专业人才奠定了坚实基础。坚持把立德树人作为教育的根本任务，将思政教育融入专业课程教学的全过程，不断改革创新教学方法，持之以恒，培养担当民族复兴大任的时代新人。

当然，在课程教授过程中仍存在一些问题：第一，在凸显思政教学元素的探究方面，制药工艺学的思政内容挖掘还不够深入，缺乏思政内容之间的连续性和交互性。应该选择与制药工艺领域契合度较高的系列项目进行实践教学。第二，在教学过程中的授课方式创新方面，还需要创作式教学与借助信息化手段辅以"翻转课堂"的教学模式来提升学生自学能力等。如教师通过网络直播、平台系统或电子邮件了解预习效果与调整引导，还可以参观工厂，以实际操作唤起记忆，反思认同或异见，通过对话达成观念"激荡"。第三，在课程评价机制方面，需要突破平时教学过程中以期末考试为主的评价体系。在日常学习过程中，把控知识讲评，重视观念认同环节，将课堂作为主要场所，引导教师转换教学思维，引导学生进行深度学习和行动。

七、教学成效

制药工艺学是一门多学科相互交叉的应用性学科，具有很强的理论性和实践性，课程内容涉及大量操作性强、与实践结合紧密的技术问题，这使得本课程教学难度较大。因此，在教学过程中教师从教学内容、策略、手段和考核等方面对课程体系进行设计，引导学生。鉴于课程内容信息量大、难以掌握的特性，传统"满堂灌式"的教学模式不利于学生学习，必须调动和发挥学生学习的主动性，教学手段转变为以学为主。引导学生自主学习和思考，课堂内容留白，每部分课堂内容讲授结束时设计开放式思考题。同时，教师要求学生自主查阅文献，归纳和整理，并分组轮流汇报，其他小组参与讨论的形式，并计入平时成绩，敦促学生课前思考和课后复习，以此启发学生思维，拓展知识面，课外文献阅读是课程内容的延伸，也可适当扩充课堂容量，引导学生以学为主式学习模式的开启。

在制药工艺学理论课的学习过程中，课程思政元素的引入促进了学生对科学精神的探索、创新意识和爱国精神情操的培养，以及对药学人职责和使命的深入认识，走进前辈们，学习他们勇于探索直面困境，被他们的胸怀大爱所打动，提升了学生自主学习兴趣，直接表现为课堂抬头率、课堂讨论参与的积极性、开放式课后作业完成质量的提高。

物理化学课程思政教学案例

单位：化学化工学院　作者：左明辉　贾林艳

一、基本信息

课程名称：物理化学

授课对象：2019 级化学、应用化学、化学工程与工艺专业本科生

教学章节：第二章

使用教材：《物理化学》

二、课程思政教学改革整体设计思路

本节内容的课程标准是："通过自然界中宏观过程的方向性，了解热力学第二定律。"热力学第二定律是紧跟在热力学第一定律之后的一节内容。学生早在初中就知道了能量的转化与守恒定律，在学完了热力学第一定律之后，对于能量守恒的认识就更深刻了。在此基础上提出"利用海水降温释放的热量作为新能源"这一设想，让学生思考、讨论而引入新课。然后再列举一些自发的热学现象，归纳出热力学其中共同的特征：过程的不可逆性。然后就其中的热传导与功热转化两个过程具体分析，第二定律的两种经典表述：克劳修斯表述和开尔文表述。热力学第二定律的实质就是指宏观自发地涉及热现象的过程都是不可逆的，任何一类宏观自发的热学过程都可以作为热力学第二定律的表述。对于资源的高效利用，减少不可再生资源的过度使用，保护地球的生态环境，贯彻习近平总书记的"绿水青山就是金山银山"的环保意识、可持续发展理念，增强学生的社会责任感。本节课的难点在于如何理解热力学第二定律的两种表述，特别是开尔文表述。教学中尽可能多地让学生分析实例，再借助于一些多媒体素材，从正、反两方面帮助学生形成对热学现象中的过程认识：热量可以自发地从高温物体传到低温物体；功可以全部转化为热；热量可以从低温物体传到高温物体（但要有条件）；热可以转化为功（但不完全）。最终认识到热力学第二定律是与热力学第一定律

并重的一条客观规律。

三、教学目标

（一）知识与技能目标

目标 1：掌握物理化学的基本概念、定律和原理及其应用。了解物理化学在生产实践和科学研究中的应用及学科前沿知识。

目标 2：应用热力学第二定律的热化学知识，引导学生思考和计算各类能源的热值并进行比较，启发学生思考我们赖以生存的地球，增强环境保护意识。

目标 3：分析热力学第二定律对于人类实践的指导意义，领会自发变化的共同性质，体会科学发现的曲折性和必然性。

（二）思想政治教育目标

目标 1：具有客观认识物质世界的辩证唯物主义观点，体会科学发现的曲折性和必然性。

目标2：具备环保意识，领会可持续发展理念，增强社会责任感。

四、教学重点难点

教学重点：热力学第二定律内容的理解。

教学难点：热力学第二定律的两种表述的理解。

五、教学过程

热力学第二定律

（第1—5分钟）复习、引课

【回顾】我们刚刚学过了热力学第一定律，即能量守恒定律。知道了热力学能、热和功之间的关系：$\triangle U=Q+W$。

【引入】通过热力学第一定律，我们知道系统与环境之间可以发生功和热的交换，能量从一种形式转变为另一种形式，但是能量的总值是保持不变的。既然能量的总量是不变的，为什么还说有能源危机呢？假想一下，地球上海水占总面积的 71%，如果这些海水的温度降低 0.1℃，放出的热量就相当于 360 万个三峡水电站 1a 的发电量，让大家讨论一下这个方案可行吗？

通过学生的讨论，引出热力学第二定律的基本定义。鲁道夫·克劳修斯对热力学第二定律的描述："不可能把热从低温物体传到高温物体，而不引起其他变化。"指的就是热传导的不可逆性。热传导的方向性，两个温度不同的物体接触时，热量会自发地从高温物体传给低温物体，要实现相反过程，必须借助外界的帮助，因而会产生其他影响，引起其他变化。

热力学第二定律有多种表述方法，还有一种经典说法是由开尔文提出的："不可能从单一热源取出热使之完全变为功，而不发生其他变化。"指的是功转变为热的不可逆性。后来，威廉·奥斯特瓦尔德将开尔文说法表述为："第二类永动机是不可能造成的。"在热力学第一定律问世后，人们认识到能量是不能被凭空制造出来的，所谓第二类永动机，是一种能够从单一热源吸热，并将所吸收的热全部变为功而无其他影响的机器，他并不违反热力学第一定律（能量守恒定律），但是违背了热力学第二定律。

在前面的课程中我们已经知道了第一类永动机是永远造不成的，在人类发展的漫长路程上，总有人尝试做各种各样的永动机，但结果都是失败的。因为从一开始，永动机的原理就违背了热力学定律，凡是违反了科学规律的试验都是不可能做到的。所以，同学们在做试验之前，要首先确定其背后的原理逻辑，是否符合科学规律。做试验如此，做人更应如此，在我们人生的各个时期，都有明确的目标为之努力，更重要的是目标方向的确立。要在正确的人生观、世界观、价值观的引导下，选择正确的发展方向。只有在正确的道路上，努力和坚持才是有意义的。

虽然说永动机是永远造不成的，但是人们总是想尽可能地提高热机的工作效率。如何将热转变为功的问题在实际生活中有着十分重要的意义，比如，19 世纪初，蒸汽机将燃料产生的热转变为蒸汽，从而推动活塞做功，但最初的蒸汽机对热的利用率很低，人们开始关注如何将效率提高，但当时热力学第二定律还没有问世，人们不知道热机效率有一定的限度。直到 1824 年尼古拉·莱昂纳尔·萨迪·卡诺另辟蹊径地运用了理想模型的研究方法，构思了理想化的热机——卡诺热机，从理论上找到了提高热机效率的根本途径，也证明了热与功的转换有一个极限，即热机不可能将所吸收的热全部转换为功。实际上热机必须有热源和冷源，热机工作时，总要向冷源器散热，不可避免地要由工作介质带走一部分热量 Q_c。把热机做的功 W 和它从热源吸收的热量 Q_h 的比值，叫作热机的效率，实际生活中热机的效率不可能达到 100%。

【课程思政】思政元素：科学技术现代化、民族精神、时代精神生态文明教育。

汽车上的汽油机效率只有 20%~30%，汽油作为不可再生资源，在交通发达的现代消耗量非常大，同时也带来了很大的环境污染。接着进行思政教育，平时出行尽量选择乘坐公共交通，降低能耗污染。介绍我国科研工作者在清洁能源方面进行的主要研究，以及对于资源的高效利用，减少不可再生资源的过度使用，保护地球的生态环境，贯彻习近平总书记的"绿水青山就是金山银山"的环保意识，可持续发展理念，增强学生的社会责任感。

【思考】在清洁能源还未能完全取代化石能源之前，如何提高热机效率对实际的生产仍然具有十分重要的指导作用。如火力发电厂的能量利用，锅炉→汽轮机→发电机→冷却塔，当锅炉加热到 200℃、400℃、550℃时，当冷却塔温度相同，计算其热机效率。总结得出提高 Qh 能够提高热机效率。当锅炉温度较低时将造成高煤耗、高污染，产生硫氧化物、氮氧化物、粉尘、PM2.5 以及废热污染等，对环境造成不同程度的污染。萨迪·卡诺构思的理想化热机模型对提高热机效率问题做出了杰出贡献。同时，萨迪·卡诺也为热力学第二定律的提出奠定了一定的基础。

通过热机效率这一小知识点将思政内容和课堂知识点进行融合，后续时间介绍卡诺循环、卡诺定理。通过本课堂设计，既能有效地传授关于热力学第二定律的专业知识，同时引导学生在人生的道路上明确目标，选择正确的方向而努力。此外还对学生进行了一场关于环保理念的思政教育，促进了学生对于环保事业的了解，将课本内容和思政内容融会贯通，将理论和实际相结合，加深学生对环保知识的认知水平。以熵增加原理为出发点，启发学生思考我们赖以生存的地球，增强环境保护意识。唤起学生保护环境、热爱地球的意识，"绿水青山就是金山银山"，从你我做起，减少熵增，以保证地球向着更有序的方向进化。

六、教学反思

教学的本质不在于教会学生多少知识，而在于引导学生智慧地思考问题、解决问题，重视学生思维发展。每一种教学模式都会有它的优势与不足，我们的教学方式也不是单一固定不变的，教师应根据知识内容采用合适的教学方法与手段，因材施教，培养出适应时代发展的人才。将基础理论知识形象化到现实生活中，加深学生印象，激发学生学习兴趣及主动性。值得强调的是，在整个讲授过程中贯穿深入浅出的解释和形象生动的难点分析，积极活跃课堂气氛，促进学生与老师的融洽配合，有利于学生知识点的吸收。

七、教学成效

物理化学教学团队认真贯彻执行课程思政改革实践，重视对学生的思想道德教育和价值引领。在我校 2018 级和 2019 级本科生的必修课物理化学和物理化学实验课中进行课程思政探索实践，受益学生 460 名。学生通过课程的学习把学科知识技能上的"成长"和精神上的"成人"有机结合。引导学生树立正确的人生观和世界观，做社会主义核心价值观的坚定信仰者、积极传播者和模范践行者。笔名已经将该研究撰写成一篇课程思政论文——《〈物理化学实验〉课程思政探索与实践》，发表在《广州化工》期刊。

计算机科学导论课程思政教学案例

单位：计算机与信息技术学院　作者：高巍

一、基本信息

课程名称：计算机科学导论

授课对象：大一本科生

教学章节：第一章

使用教材：《计算机科学基础——从数据操纵到计算理论》（影印版）

二、课程思政教学改革整体设计思路

计算机科学导论课程是计算机科学与技术专业本科生的一门先导基础课程。本课程涉及计算机科学的特点、历史渊源、发展变化、知识组织结构和分类体系。通过对本课程的学习，使学生了解计算机科学与技术领域的基本知识、基本理论和基本技术方法，为后续学习打下基础。

通过对本课程的学习，使学生对计算机硬件技术和软件技术有比较完整的理解，建立计算机专业课程的基本知识框架，掌握计算机科学的基本知识及使用计算机技术进行工程实践的思想和方法。培养学生用计算机解决实际问题的意识和初步能力，铺设深入学习其他专业课程的桥梁，为今后在计算机专业的学习、开发和应用实践打下坚实的基础。而课程思政也融汇在计算机导论课程的每一堂课程中，贯穿于整个教学过程。

教师通过收集、评估各知识点与能力要求的实际学习结果，形成课程层面的评价；对学生进行知识、能力、素质的全方位学习成果达成度的问卷调查，为了确保问卷调查数据的有效性，使用社会科学统计软件包进行项目分析、相关分析、信度和效度检验，并督促学生自觉地对学习成果进行对比检查和分析，肯定成绩，找出不足，自我完善，制定各自新的学习目标与学业规划。

三、教学目标

1. 知识与技能目标

了解二进数的构成，掌握计算机系统的组成部分，了解计算机发展历史。

2. 思想政治教育目标

（1）爱国——增强民族自信心，加深学生对传统文化的理解。

（2）文明——工匠精神，激发青年人的爱国主义情怀。

（3）法治——责任意识，学生职业道德修养的培养。

四、教学重点难点

二进制数，计算机系统的组成及各部分的特点。

五、教学过程

【案例1——二进制】

课程教学内容设计结合课程内容融入。【思政1：爱国——增强民族自信心】

中国春秋时期的"算筹"是世界上最早的计算工具，起源于北宋的珠算盘，纵使计算机发展的今天也没有被抛弃，在一些国家和一些领域还发挥着作用，这些都是中华民族的智慧结晶。东汉末年，数学家徐岳在《数术纪遗》中就提及珠算的工具，算盘的口诀就是其运行的指令序列，熟悉了这套口诀，人们的运算速度可以远远超过心算和笔算的能力，但是算盘没有存储功能，也没能实现自动化。这种对比可以让学生更深刻地理解现代计算机的基本特征。九章算术中的经典算法、开方术、割圆术、阳马术等都涉及现代算法的一些基本思想，二进制与中国的阴阳概念非常像，此外八进制与八卦也可以联系起来，可以让学生尝试将卦象用计算机进制的方式进行表示，从而在训练对进制理解的同时，加深学生对传统文化的理解。

【案例2——计算机组成】

课程教学内容设计结合课程内容融入。【思政：2 文明——工匠精神】

【思政3：法治——责任意识】

介绍的计算机硬件组成，通过中国科研工作者的奋斗史展现他们的爱国情怀，近年来，美国先后针对中兴、华为等互联网企业采取制裁，国防科技大学、天河系列超级计算机所在的超级计算中心都被纳入美国出口管制的"实体清单"，禁止美国企业对其出口芯片等相关产品与技术。在这种背景下，为学生强调自主可控的重要性，并介绍相关的自主可控成果，可以增强学生的忧患意识。在前辈们的业绩感召下激发青年人的爱国主义情怀，形成为祖国科技发展努力学习的动力。

在软硬件开发过程中向学生展现优秀设计开发团队对专业的贡献，让学生体验到现在的科技发展不是个人单打独斗的时代，科学研究和应用技术的成果都是集体智慧的结晶。信息化时代要遵循新的道德规范，需要让学生认识诸如网络暴力、网络谣言、盗版软件等不道德行为的危害，向学生介绍安全防范措施的同时，警示学生不要在未来的学习工作中利用所学知识实施网络违法行为。通过对熊猫烧香案、徐玉玉案、快播案、网络诈骗案等典型案例的分析，介绍《中华人民共和国网络安全法》《中华人民共和国刑法》《中华人民共和国民法典》《中华人民共和国消费者权益保护法》《中华人民共和国密码法》等法律法规，培养学生的法律法规意识，在对程序开发和软件工程等内容的介绍中涉及知识产权保护，引导学生尊重知识产权，尊重别人的劳动，同样也使自己的劳动得到认可；通过一些案例让学生能在未来的工作中鉴别项目性质，避免陷入项目开发为诸如赌博、诈骗等利用的局面。

【案例3——计算机发展史】【思政4：爱国——民族自豪感】

介绍计算机的发展历史，通过介绍中国计算机发展史的同时对比世界计算机发展史，让学生了解计算机发展的前沿研究和先进技术，了解欧美日等国的发展，学生在身处"互联网+"的便利环境中能清晰地认识到我国在计算机理论研究和技术上存在的短板，激励学生奋发图强的意志，致力于计算机应用技术的创新发展。通过中国科研工作者的奋斗史展现他们的爱国情怀，在前辈们的业绩感召下激发青年人的爱国主义情怀，形成为祖国科技发展努力学习的动力。课程还给学生提供课下了解中国计算机发展史的线索，让学生通过网络查找相关资料，从专业知识学习的角度上感受到祖国的日益强大，这些教育比教科书式的教育更受学生认可。

六、教学反思

（1）我国计算机学科相关科学家事迹的介绍对于塑造学生正确的三观具有非常好的效果，科研工作者在实现国产计算机从无到有、从弱到强的过程中有很多可歌可泣的事迹，通过对这些人物事迹的挖掘，可以更好地激发学生的学习动力和爱国热情。

（2）将科研成果应用于教学是落实科教协同的重要举措，不仅可以让学生了解最新的科学知识，还能够通过老师的亲身经历传递敢闯会创的创新创业精神和家国情怀。将科研成果与具体的知识点讲授结合，可以让学生了解具体的科技创新过程，培养学生的创新意识和团队精神。

（3）结合时事政策开展相关教学，计算机在信息时代所起的关键作用体现在各种各样的时事、政策中，如伊朗"震网"事件、乌克兰停电事件、美国对中国芯片禁运等时事新闻，《国家集成电路产业发展推进纲要》《国家网络空间安全战略》《国家信息化发展战略纲要》等政策，通过对这些时事政策的分析，增强学生的大局观和使命感。

（4）结合经典的案例讲授特定的知识点，在案例中加入思政的要素，如通过摩尔定律遇到的瓶颈，讲解量变到质变的哲学；通过算盘与现代计算机的对比，增加对传统文化的了解；通过网络安全事件的讲解，增加学生的国家安全意识等。

七、教学成效

结合计算机专业知识的讲授实现德育和智育的有机融合，培养学生的创新意识、人文素养、科学思维和工匠精神。课堂是教学实施的主要形式，是培养创新思维、创新能力的载体。在课堂教学中，教师构建有温度、有深度、有广度、有力度的教学模式，由独白式教学转变为对话式教学，在教学过程中引入思政教育，培养学生能敢于尝试，不畏惧失败，勇于探究的科学精神，树立人与人之间和谐发展的意识，增强育人合力。

数学分析课程思政教学案例

单位：数学科学学院　　作者：孙杰

一、基本信息

课程名称：数学分析

授课对象：数学与应用数学专业的学生

教学章节：第十第二节

使用教材：《数学分析》（第五版）

二、课程思政教学改革整体设计思路

数学分析课程是数学与应用数学专业的主干课程。主要讲授现代数学分析的基本概念、基本理论、基本方法等。通过数学分析课程的学习，使学生掌握一元微积分学、多元微积分学及级数等几部分内容，同时为进一步学习近、现代数学打下必要的基础。在课程思政立德树人的目标下，在教学过程中以教学内容为载体，适时融入思政元素，给学生传播正能量，以教师的主导作用发挥学生在课堂中的主体作用，使学生掌握一定的调和分析的思想方法，培养学生严谨的治学态度，在学习数学知识的同时，树立正确的人生观、世界观、价值观，激发学生的学习兴趣和坚定的职业信仰。

1. 社会主义核心价值观教育

教育引导研究生珍惜学习时光、求知问学、增长见识、丰富学识，沿着求真理、悟道理、明事理的方向前进成长。在潜移默化中引导研究生树立正确的世界观、人生观、价值观。

2. 职业素养教育

围绕双创精神、职业道德、职业伦理等方面，加强科学精神和工匠精神教育，培养创新精神和创业意识，把创新创业教育及职业素养有机融入日常教学中，在教育过程中强调价值观的同频共振，使课程教学的过程不仅是引导研究生学习知识，培养发现问题、解决问题能力的过程，更是锤炼心志和养成品行的过程。

三、教学目标

1. 知识与技能目标

使学生建立起数列极限的准确概念；会用数列极限的定义证明数列极限等有关命题，培养学生科学的思维方法、提高学生的比较分析能力。

2. 思想政治教育目标

培养学生科学的思维方法、理论联系实际以及学以致用的能力，培养学生构建科学方法，启发科研兴趣，增强专业认同感。

四、教学重点难点

教学重点：平行截面面积求体积公式的推导。

教学难点：平行截面面积求体积公式的推导，利用平行截面面积求体积公式的推导求三维空间立体体积。

五、教学过程

复习：定积分的定义及应用。

定义三个过程分割求和取极限应用求面积。

新课：学习利用定积分求空间立体的体积。

设 Ω 为三维空间中一立体，它夹在垂直于 x 轴的两个平面，$x=a$ 和 $x=b$ 之间 $(a<b)$，$\forall x \in [a,b]$ 做垂直于 x 轴的平面截得 Ω 的截面面积为 $A(x)$，如何求 Ω 的体积？

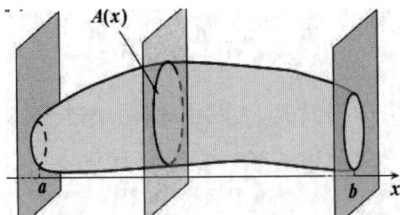

【案例1——黄瓜和面包的例子】

【思政1：大局意识——整体和局部】

我们先来看看生活中的实例：

从考虑黄瓜和面包体积的例子中，我们可以看到将一个问题局部化考虑，也就是将黄瓜或面包切成薄片来考虑，每个薄片的体积如何来近似估计，然后再统一来看整体的性质。

结合课程内容融入

【案例 2——体积的求法】

【思政 2：科学精神——严谨性】

我们回到开始讨论的空间立体 Ω 的体积问题：

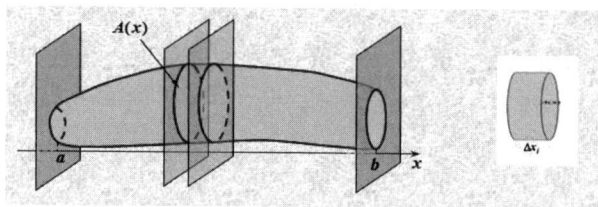

我们对 $[a, b]$ 做一个分割 T，$x_0 = a < x_1 < \cdots < x_{n-1} < x_n = b$ 通过这些分点做垂直于 x 轴的平面，将 Ω 分割成 n 个小空间立体薄片，那么第 i 个小薄片 Ω_i 的体积 ΔV_i 近似的等于 $\Delta V_i \approx A(\xi_i)\Delta x_i$，其中 ξ_i 为 Δx_i 上任意一点；求和：把 n 个小薄片的体积的近似值叠加得到了 Ω 的体积 $V \approx \sum_{i=1}^{n} A(\xi_i)\Delta x_i$，若 A（x）在 $[a, b]$ 上连续，则在 $[a, b]$ 上必可积，对上式取极限令 $\|T\| \to 0$，$\|T\| = \max_{1 \leqslant i \leqslant n}\{|x_i - x_{i-1}|\}$，有

$$V = \int_a^b A(x)\,\mathrm{d}x = \lim_{\|T\| \to 0} \sum_{i=1}^{n} A(\xi_i)\Delta x_i$$

对于空间立体 Ω 的截面面积函数 A（x）在 $[a, b]$ 上连续，则 Ω 的体积公式为

$$V = \int_a^b A(x)\,\mathrm{d}x$$

注：利用截面面积函数求空间立体体积的重点是作垂直于自变量方向的截面面积函数。

例 1　求 $x^2 + y^2 + z^2 = a^2$ 所围球体的体积

解　由于 $-a \leqslant x \leqslant a$，过 x 点做垂直于 x 轴的截面函数为圆

$y^2 + z^2 = x^2 - a^2$，面积函数为

$A(x) = \pi(x^2 - a^2)$

利用截面面积函数求体积公式

体积 $V = \int_{-a}^{a} A(x)dx$

$= \int_{-a}^{a} \pi(x^2 - a^2)dx = \frac{4}{3}\pi a^3$

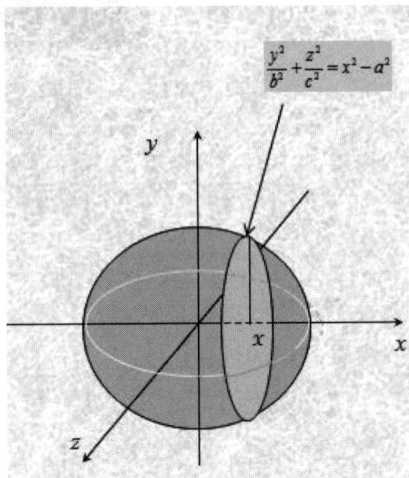

【案例 3——祖冲之父子的历史】

【思政 3：爱国——民族精神】

祖冲之，字文远，范阳遒县（今河北涞水北）人，南北朝时期杰出的天文学家、数学家。在他的一生中，花费了大量的时间和精力在科学研究上，但主要的贡献还是在机械制造、天文历法、数学研究这三个方面。他还在刘晖开创的圆周率的基础上首次将圆周率精算到了小数后的第七位，比欧洲早了 1000 多年，从而极大地促进了中国数学的发展，他提出的数学方面的思想主张也对数学的研究做出了重大贡献。

祖暅，字景烁，范阳遒县（今河北涞水）人。中国南北朝时期数学家、天文学家，祖冲之之子。同父亲祖冲之一起圆满地解决了球面积的计算问题，得到正确的体积公式，并据此提出了著名的"祖暅原理"。

祖冲之父子总结了魏晋时期著名数学家刘徽的有关工作，提出"幂势既同，则积不容异"，即等高的两立体，若其任意高处的水平截面积相等，则这两立体体积相等，这就是著名的祖暅公理（或刘祖原理）。祖暅应用这个原理，解决了刘徽尚未解决的球体积公式。该原理在西方直到十七世纪才由意大利数学家卡瓦列利（Bonaventura Cavalieri）发现，比祖暅晚一千一百多年。祖暅是我国古代最伟大的数学家之一。

【案例 4——祖暅原理】

【思政 4：责任意识——科学精神】

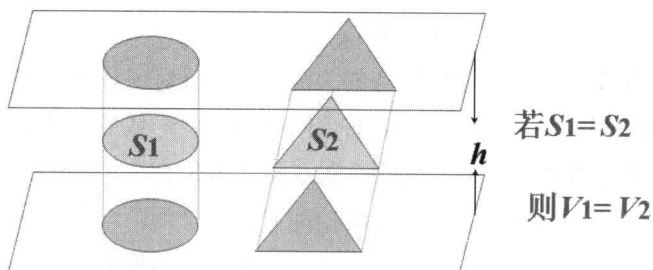

祖暅原理："幂势既同，则积不容异。"其中"幂"是截面积，"势"是几何体的高，意思是两个同高的几何体，如果在等高处的截面面积恒相等，则它们的体积相等。

我们今天讲授的内容可以很容易验证祖暅原理。

如果空间立体 Ω_1，Ω_2，做垂直于 x 轴所得截面面积函数为 $A_1(x) = A_2(x)$，$a \leqslant x \leqslant b$ 且连续

$$V_1 = \int_a^b A_1(x)dx = \int_a^b A_2(x)dx = V_2$$

虽然现在我们很容易得到祖暅原理，但在没有微积分学基本理论的过去，祖暅原理能够被验证是多么不容易的事情。

本次课重点是利用截面面积函数求体积。

最后给大家留一个思考题：

例 2　一平面经过半径为 R 的圆柱体的底圆中心，并与底面交成角 α，计算这平面截圆柱体所得立体的体积。

六、教学反思

本次教学活动中通过对数列概念这一节课教学内容思政元素的深入挖掘，详细讲解了定型截面面积公式求体积的公式推导，并用我国古代著名数学家祖冲之父子的故事激发学生们的爱国热情和学习兴趣。总结如下教育教学方式方法改革途径：

（1）改革教学方式。由常规的灌输式教学转向讲座、讨论等方式，充分调动学生的主观能动性；

（2）改革教学手段。通过制作多媒体课件、课程片段的报告等手段，增强教学过程中的感性认识；

（3）改革考核方式。本课程除了进行常规的考核方式外，还应增加论文报告等方式，注重了考核学生的应用能力。

思政课是落实立德树人根本任务的关键课程。推进课程思政建设，是守好一段渠、种好责任田，使各类课程与思政课同向同行、形成协同效应的重要举措，旨在使德育与智育相统一，推动实现全员全程全方位育人。我们学校本着"崇德尚学、厚积薄发"的校训，形成了鲜明的地方高水平师范学院的特色，发挥数学分析专业课程的特点，加强课程思政建设，落实好立德树人根本任务，争取取得积极成效。

七、教学成效

本次课着手于平行截面面积求体积这节课的教学设计，融入了思政元素，教学效果较好。学生反馈如下：

听完孙杰老师的定积分的应用这节课，让我受益匪浅。一直觉得数学分析是枯燥的理论知识，但孙杰老师在授课的过程中内容讲解十分细致，学习新知识前会先复习之前的知识，新的知识重点突出，目的十分明确，联系生活实际，让原本枯燥的理论知识有了想象空间，激起了我的学习兴趣。知识讲解后又留下了相应的题目让大家巩固新知识，让我对知识有了更深刻的理解，也让我更加喜欢这门课程。并能通过这次课了解了中国古代著名数学家的历史，让我有种荣誉感和使命感，我们也要为国家的强大做出贡献。

——数学与应用数学 1901 孙明悦

观听完孙杰老师的定积分的应用这节课之后，我的知识又增加了许多，课上孙杰老师讲授定义非常详细，使我能够很轻松地理解其中的知识点，并掌握了定积分定义过程是先局部再整体考虑的。其次，孙杰老师课上举的例子也非常生活化，更容易让我们理解，其中有一个环节中提到了祖冲之和他的儿子祖暅一起解决了球面积的计算问题，这足以说明合作的力量是很强大的！在孙杰老师的这节课里我学到了很多新的知识点，也让我对数学分析这门学科的认识更加深刻，让我更加地对这门学科充满兴趣！

——数学与应用数学 1901 姜欢

大学计算机基础与应用 2 课程思政教学案例

单位：计算机与信息技术学院　作者：吴玉华

一、基本信息

课程名称：大学计算机基础与应用 2

授课对象：全校文科类大一学生

教学章节：第一章、第二章、第三章

使用教材：《Access 2010 数据库应用案例教程》

二、课程思政教学改革整体设计思路

本课程是大一非计算机专业文科类学生的通识必修课；通过学习本课程，使学生能够了解 Access 应用程序的基本功能，掌握 Access 组件的创建方法和一些常用的设计方法，为今后进行数据库系统的开发打好基础。

（一）指导思想

通过强化教师自身的理论与道德修养，提升课程目标、丰富课程内容、优化教学方法、拓展思政资源，把课程思政融入大学计算机基础教学中，达到教书育人的目的。

（二）要解决的问题

1. 将思政全过程融入专业技术基础课程

树立全员、全过程思政思想，强化教师自身的理论与道德修养，优化课程设置，把思政内容贯穿于本课程的培养方案、教学目标、教学设计、考核方式等各个方面，以先进的课程规划促进课程思政建设；充分发挥线上线下混合式教学的主渠道作用，将中华优秀传统文化、社会主义核心价值观要求、大国工匠精神融入大学计算机基础课程教学中。

2. 课程与各专业需求相结合

本课程十分注重与各专业需求相结合的数据库应用。通过让学生理解数据库的建立及应用，掌握利用计算机解决实际问题的能力，培养计算思维，并通过实验训练学生的动手能力。

（三）教学方法与途径

本课程自 2020 年起改变传统线下授课方式，采用基于翻转课堂理念的线上线下混合式教学模式，案例式、探究式、讨论式等教学方法。教师提前在学习通 App 发布学习任务，学习任务明确、具体，通过预习让学生明确课上的学习目标和内容。教师课前统计学生自主学习的线上数据，在课上归纳总结学生集中出现的问题，课上将问题重点讲深、讲透。

（四）预期的成效

第一，在大学计算机基础课程的教学过程中融入思政教育，让思政内容和计算机基础的知识点相互渗透、相互适应，最终形成科学的、有内涵的知识结构体系。

第二，遵循时代的变化趋势，时刻对教学手段进行改革，不断完善教学措施，培养出具有计算机素质和操作能力、具有高尚的道德情操的人才，将本课程的知识运用到实际中去，实现自己的人生价值。

第三，完善网络课程平台建设，使其能够起到课前铺垫、课后延伸的作用。

三、教学目标

（一）知识与技能目标

使学生能够了解 Access 应用程序的基本功能，掌握 Access 中表、查询、窗体、报表和宏与模块这五个组件，掌握这些组件的创建方法和一些常用的设计方法，为今后进行数据库系统的开发打好基础。

（二）思想政治教育目标

培养学生拥有合格健康的价值观念、道德素养、职业操守，不断提高学生的政治思想水平、道德品质、科学文化素质，培养学生精益求精、勇于创新的大国工匠精神，让学生成为品学兼优的人才。

四、教学重点难点

教学重点：数据库的概念，数据模型及数据库设计基础，创建数据库和表，数据库和表的基本操作。

教学难点：数据表的基本操作、表间关系的建立。

五、教学过程

（一）课前精心备课，挖掘思政资源

大学计算机基础课程思政内容的构建必须紧随时代步伐，关注社会热点及学生关切的问题，所以在备课时，我们注意动态更新课程内容，再结合教学内容特点挖掘思政元素。大学计算机基础的每一节课，我们都以案例、实验、新闻时政、名人轶事、亲身经历等为载体，挖掘、整理、设计出与课程相关的能引发学生共鸣的思政案例，将"立德树人""家国情怀"的理念渗入其中，让学生深刻意识到祖国的强大，激发学生的民族自豪感和自信心。融入思政的 Access 第一次课的课程介绍如下表 1 所示。

表 1　融入思政的 Access 第一次课的课程介绍

授课内容	思政融入点	思政目标	预期成效
我国数据库技术发展现状。	国产数据库市场规模实现了高速增长。例如，在航天领域，长征火箭等的设计工作已成功应用国产数据库。	增强民族自豪感、爱国情怀。	启发学生思考我国计算机技术快速发展的原因，激发了学生的学习热情。
讨论：你见过或使用过哪些数据库应用系统呢？	将本课程的知识运用到实际中去，实现自己的人生价值。	增强职业责任感。	引导学生善于思考、敢于实践，感受科学精神。
考核方式：平时成绩+上机考试。	平时，不积跬步无以至千里；期末上机考试，公平公正。	加强大学生价值取向。	引导学生理解计算机行业的职业规范，增强了职业责任感。
学习要求。	坚持出勤-遵纪守法；互相帮助-团队意识；作业测验-诚实守信。	增强学生的法纪意识、团队意识和诚信意识。	提高学生的素质，培养团队合作精神。

（二）课中精准施策，教学有质有量

以学生为主体，精心策划，精准施策，有效地开展课堂教学环节，多手段确保课堂教学质量。

（1）学习通——二维码签到；

（2）通过学习通——教学数据统计，总结上次课学习情况，进行有针对性的复习；

（3）投影仪以及电子教室——重难点讲解；

（4）重点问题随机点名提问；

（5）发布随堂练习、章节测验检验效果；

（6）设置讨论题让学生成为课堂主人；

（7）全方位及时评价，调动学生学习主动性。

将以往只进行期中、期末考试的评价方式改为融入思政的全方位、全过程评价，并在评价中体现公平公正，倡导社会主义核心价值观。成绩中既包括线下的出勤、提问、练习及模块考试，也包括线上的网络课程学习、章节测验、预习、问卷调查、随堂练习；在网络课程平台老师会经常发起小组讨论，布置小组综合性实验，除了老师及时评价外，还鼓励学生互评、自评。这种评价方式全面评价了学生的学习态度、学习能力以及学习效果，提高了学生主动学习的积极性。

（三）课后及时辅导反馈，掌握教学动态

在学生提出问题、上传作业、章节测试后，教师及时答疑解惑、评阅作业，学生与老师的互动贯穿于学习通、QQ 群、钉钉课堂等每个教学环节中。

六、教学反思

从立项开始，大学计算机基础教学团队充分利用各教学平台资源及优势，采取线上线下相结合的教学方式，在充分调研、分析学生学情和以往教学中存在问题的基础上，挖掘课程能够融入的思政元素，重组教学资源，课程组教师参加了各种思政培训，并结合课程实际又陆续开展了课程思政教学实践的分享、交流和研讨，积累了丰富的课程思政教学经验。

（1）全员学习观摩线上思政教学研讨，特别是课程思政效果好和形式灵活的教师授课，从中汲取经验。

（2）课题组教师积极参加校、院举办的课程思政大赛，检验自己的课程思政效果，借鉴他人的成功经验。

（3）课题组教师注重严格规范自身的言行举止、行为习惯，借此对学生进行言传身教。

（4）充分利用学校提供的各种有利条件，建立大学计算机基础小规模限制性在线课程（SPOC 课程），录制融入思政的教学视频，便于以后开展线上线下混合式教学。

（5）需要继续努力的是，如何在有限的学时里，既提高专业教学的效果与质量又做好思政工作，这是大学计算机基础课程与教学改革要解决的重点问题。把"思维和能力培养"作为本课程教学的核心理念，用计算思维分析、解决问题，用不被学生反感的与课程相关的能引发学生共鸣的思政案例去"协同育人"。

七、教学成效

（一）完成了课程目标

在完成了学生所应掌握的计算机相关领域的知识和计算机操作能力这些目标的基础上，按照教育部《高等学校课程思政建设指导纲要》的指导思想，把培养学生严谨、求学、务实的科学素养、团队协作精神、科学严谨的态度、道德法律意识、网络安全意识作为课程思政目标，针对学生的专业特点，在授课过程中结合课程内容引导学生深植爱国情怀，树立正确的人生观、价值观、世界观，养成爱国、诚信、责任、进取的人文素养，完成了素质和育人目标。

（二）改进了教学方法

推进现代化信息技术在课堂中的应用，结合翻转教学法、案例分析法、线上互动法等多种教学方法，在润物无声中培育社会主义核心价值观。

（三）更新了教学资源

课题组通过重编教材、申请设立 SPOC 课程等举措，摒弃那些陈旧的、和时代脱节的、不能自然地融入思政的教学资源，补充那些能反映时代特色、弘扬主旋律、发扬民族传统文化的素材。

（四）线上线下混合式教学效果良好

线上线下混合式教学取得了良好效果：二维码签到节省了时间；随堂练习、章节测验让老师及时了解学生知识掌握情况且成绩良好；课堂讨论增进了师生互动；课堂数据统计等功能助力教师掌握教学效果；课堂回放和老师的课下答疑能帮助学生解决学生课上的问题。

（五）完成并改进了学校网络平台课程建设

学校网络课程平台自建课程能够起到课前铺垫课堂教学、课后延伸课堂教学的作用，有利于形成"教-学-练-改-测-评"的学习闭环。我们通过立项申请设立了大学计算机基础 SPOC 课程，依托重新制定的人才培养方案、教学大纲，精心撰写、反复推敲脚本，提炼其中的思政元素，设计无痕植入思政的 PPT，录制了大量课程视频，把课程思政延伸到课下、网络学习中。

大学体育-太极拳课程思政教学案例

单位：体育与健康科学学院　作者：孙明和

一、基本信息

课程名称：大学体育-太极拳

授课对象：2020 级本科生

教学章节：第二次课太极拳第一段

使用教材：无

二、课程思政教学改革整体设计思路

太极拳课程树立"健康第一"的指导思想，坚持从实际出发注重实效的原则，解决技术教学与思政元素的融合。通过合理的教学和科学的锻炼，使学生了解、掌握太极运动的基本知识和基本技术，激发学生对太极拳运动的兴趣，培养学生的兴趣爱好、文明礼仪，感受太极文化，提高鉴赏水平，推进太极拳运动的普及和发展，使学生成为发展民族传统体育项目的参与者和倡导者；同时引导学生了解基本国情中的国民体质和新冠疫情现状，懂得身体健康的重要性，促进学生积极锻炼身体，提高身体素质。

在教学中，主要采用分组教学法、问题导向教学法、探究教学法等教学方法；通过讲解示范在抱拳礼技术动作教学中充分发挥学生的主观能动性，通过学生回忆影视剧武侠片中人物的行礼方式，激发学生主动去思考、去模仿练习，教师正确的讲解示范，引导学生参与问答互动，学习抱拳礼的文化内涵；在太极拳技术动作分组练习中，引导学生感受太极拳技术动作中的"贵柔""无为""不争"的理念，培养学生在平时的学习生活中要谦逊谨慎；在身体素质练习中，结合世界新冠疫情的现实情况，对比国内外疫情的救治情况，使学生了解中国所取得的抗击疫情成就，厚植学生的爱国主义精神；根据我国国民体质的实际情况，引导学生思考自身健康水平，激发学生的锻炼意识和锻炼热情，在锻炼中要求学生之间相互鼓励学习，关注学生之间的沟通、交流与协作，实现学生的自我管理，激发学生的集体感与协作意识。

通过学习，使大部分同学基本掌握简化太极拳技术动作，发现个别同学在学习中存在的个体差异问题，及时关注并解决问题；通过课程思政元素的学习，培养学生的文明礼仪素质；感受传统文化的魅力，激发学生锻炼身体、增进健康的意识，同时培养学生的爱国主义精神。

三、教学目标

1. 知识与技能目标

通过学习和练习，使学生了解太极拳文化，初步掌握太极拳技术动作和锻炼身体的动作方法，培养学生观察、反思的能力。

2. 思想政治教育目标

通过感受太极文化、了解新冠疫情防疫及国民体质的现状，激发学生锻炼热情和积极性，培养学生文明礼仪素养、谦虚谨慎的性格和爱国主义精神。

四、教学重点难点

本次课教学的重点是太极拳技术动作的学习和能力的培养，难点是学生在练习技术动作中的上下肢协调配合及思政元素的融入。

五、教学过程

1. 准备部分

首先，在课前按照本课内容仔细检查场地。其次，课堂常规中口令宏亮吸引学生注意力，师生问好后检查学生人数和学生服装及安排见习生，对学生加强安全教育，树立学生安全意识，要求学生注意力集中、精神饱满。最后，根据所学内容进行慢跑、徒手操等准备活动，目的是调动学生身体机能，为基本部分的学习做好身体准备。

2. 基本部分

讲解示范本次课的学习内容，主要技术动作方法、要领及应注意的事项，讲解清晰、示范动作准确，组织学生练习。单纯地进行太极拳技术动作学习，比较枯燥乏味，难以引起学生的学习兴趣和激发他们的学习热情；因此，在进行太极拳技术动作学习前，让学生回忆曾经看过的影视剧太极张三丰中的片段，创设情境，引发学生的探究，进而诱发学生的学习兴趣，培养学生的锻炼能力；在课堂教学中，在技术动作讲解、出现错误动作之后等环节留下"空白"，留给学生一定的时间和宽松的空间，让学生自行思考探究，激发学生的潜力；在学生练习时，有计划地组织学生进行合作探究，形成集体探究氛围，培养学生的合作精神；另外及时对学生进行激励性评价，使学生保持学习热情。

3. 结束部分

组织学生进行放松整理活动，对本次课进行总结，布置课后作业，师生相互致意后宣布下课。

六、教学反思

太极拳技术动作柔和缓慢，文化底蕴丰富，在学习之初要激发学生的学习兴趣，因此，在教学中我采用有效的方法和手段，调动学生的学习欲望。首先创设有利于学生学习的环境，学习环境对发展能力、培养学习兴趣具有重要作用。在课堂教学中采用探究、合作等教学方法，让学生主动从事学习、练习。如以影视剧中太极张三丰的武侠形象诱导学生想象自己成为太极拳高手，激发学习兴趣，感受太极文化魅力，使学生的学习由被动转向主动，积极观察和思考技术动作。其次在学生练习中关注学生个体差异，有针对性地进行指导。以合作学习为中心，激发学生主动学习的兴趣，培养学生观察力、思维力和表现力及团结协作能力。最后是选择有效的教学方法，综合运用提问、探究、合作、练习等教学方法，引导学生想象、思考、观察、练习的学习过程，培养学生分析问题、解决问题的能力。

本次课中准备活动和学生练习时间不足，在以后课中加强对学生练习时间的调整；没有给学生分组展示的平台；另外课中思政元素与授课内容的融合不紧密，以后认真备课，充分准备。

七、教学成效

本次课中学生初步感受了太极拳技术动作学习中的"贵柔""无为""不争"的理念，掌握了抱拳礼的正确方法，理解了抱拳礼的文化内涵，培养学生尊师重教、谦虚内敛，待人以礼的礼仪习惯；了解了国民体质现状及新冠疫情国内外现状，认识自身健康水平，懂得健康的重要性，培养学生的爱国主义精神。

健美操课程思政教学案例

单位：体育与健康科学学院　作者：葛菁

一、基本信息

课程名称：健美操

授课对象：2019 级体育教育专业的学生

教学章节：全国大众健美操锻炼标准第三套动作二级第 4 组右侧动作，第 8 次课

使用教材：《健美操指导员培训教材》

二、课程思政教学改革整体设计思路

（1）教学中针对学生的课堂表现及教学期间临时出现的状况，围绕体育强国的梦想，培养学生树立爱国、强国信念。例如：结合奥运健儿的励志事例，增强学生爱国的底气和信心，培养学生文化信念、文化自信、文化自豪感，增强学生的爱国情怀，从而树立正确的人生观，使其对学生产生极大的学习动力，调动学生学习的热情，使整堂课在积极、快乐、祥和的气氛中进行。

（2）同时围绕健美操理论知识学习及原理的讲述，培养学生树立正确的健身理念并掌握科学的健身方法，为今后从事基层体育教学及健身指导工作打下坚实的理论基础。并运用到自己大学四年的学习、训练中养成良好的作息时间，克服不良的生活习惯及饮食方法，掌握简单运动损伤、疾病调治的方法。

（3）围绕健美操课堂学习及课后自学锻炼来培养学生顽强的意志品质，坚韧不拔的体育精神，不怕艰难的拼搏精神，为形成良好的人格和健康的品格进行全面的身体训练。

（4）由班长对本班同学进行卫生清扫分组。上课前学生对教室进行卫生清扫工作。由全班同学来监督，并给予评价，在总成绩中占有分值 4%。培养学生热爱劳动，吃苦耐劳的优良品德。

（5）上课前将手机等电子产品统一收纳至保管箱中，进行统一管理。使学生不受这些物品的干扰，更专心进行课堂学习。

（6）通过健美操课堂常规教学训练，对学生进行集中注意力、听从指挥、服从命令能力的培养。从而达到凝神助力、专注学习的目的。

（7）通过课堂及课后分组练习，发挥学生之间团结互助，共同帮助，共同进步的班级团队精神，培养学生互帮互学，团结友爱的关爱情怀，加深同学之间的友情，使班级之间的氛围更加融洽。

经过上述教学实践，同时进行课堂思政理念的介入，学生学习效果十分显著，从精神面貌到学习热情都有了大幅度提升，学生自我感觉更加自信、学习欲望更加强烈，对待学习的态度更加端正，上进心和求知欲显著提高。

三、教学目标

1. 知识与技能目标

初步掌握全国大众健美操锻炼标准第三套动作二级第4组右侧动作；进一步巩固提高全国大众健美操锻炼标准第三套动作二级第13组动作；掌握健美操技术动作的专业术语、基本步伐的英语发音，以及拍节节奏、口令发音。

2. 思想政治教育目标

围绕体育强国梦想，教授学生树立强国信念；围绕体育历史，教授文化信念；围绕体育理论，教授健美操相关知识；围绕健美操学习锻炼，教授体育精神。

四、教学重点难点

教学重点：掌握大众健美操锻炼标准二级第4组动作。

教学难点：动作和音乐的协调配合。

五、教学过程

准备部分教学过程：

1. 课堂常规

（1）体委整队，检查并报告人数。

（2）师生互问好。

（3）清点人数。

（4）宣布本次课内容。

（5）安排见习生活动。

（6）集中注意力练习。

（7）融入课堂思政内容。

课堂导入：经过前期 20 次课的学习，同学们对健美操运动已经有了一定的了解，在技术动作的掌握及身体的协调能力、控制能力等方面都有了很大的提高。也能对学过的动作有一定美的体会。这是一个很好的开端，是进步的标志；另外对今天课前积极打扫卫生的三位同学，表示感谢，你们的无私奉献同学们都记在心里，你们就是大家学习的榜样。对集中注意力练习，同学们的表现提出表扬，大家听从指挥、整齐划一的动作，体现出你们班的班风和班级齐心向上的斗志。希望同学们再接再厉，继续努力！在课堂练习中同学们要互相帮助，团结互助，协助老师把我们这堂课上好。

2. 准备活动

（1）热身——基本动作组合操。

（2）活动各关节。

（3）柔韧性拉伸。

（4）各方向压腿。

（5）复习全国大众健美操锻炼标准第三套动作一级完整动作。

3. 音乐节奏感、姿态控制能力练习

（1）手臂基本部位。（2）形体控制。

基本教学部分动作讲解：

1. 学习全国大众健美操锻炼标准第三套动作二级第 4 组右侧动作

4×8 的下肢动作：右脚动作

（1）1×8：4 次梯形小马跳。

（2）1×8：4 次跑+开合跳。

（3）1×8：后屈腿+上步后屈腿。

（4）1×8：右、左侧点地各一次+上步右转髋。

4×8 的上肢动作：

（1）1×8：1—2 右臂体侧向内绕环，3—4 换左臂，5—8 同 1—4 动作。

（2）1×8：1—4 屈臂自然摆动，5—6 双手放腿上，7 击掌，8 放于体侧。

（3）1×8：1 双臂胸前交叉，2 右臂侧举、左臂上举，3 同 1 动作，4 双手叉腰，5—8 同 1—4 动作，但方向相反。

227

（4）1×8：右手前下举，2 双手叉腰，3—4 动作相同，但方向相反。5 双臂胸前平屈，6 前推，7 同 5 动作，8 放于体侧。

2. 教学过程

（1）教师进行下肢动作的分解示范并讲解。（2）逐节进行上肢动作讲解并示范。（3）教师口令指挥下上下肢配合练习。（4）在教师口令指挥下集体练习。（5）在音乐的伴奏下学生练习。（6）教师进行集体点评纠正。（7）教师进行个别学生纠正。

3. 学生练习

（1）反复进行练习。（2）前后排分别进行练习，其他学生进行纠正。（3）分成两人一组，好坏要兼顾，进行练习纠正。

4. 练习要求

（1）动作协调、有力、有弹性。（2）前后动作连接清楚。（3）上下肢配合协调。（4）动作与音乐协调配合。（5）认真体会动作感觉。（6）注意表现力。

六、教学反思

体育专业课的课程思政，是在培养学生专业能力的同时，更要关注学生身心健康的发展，坚持意识形态的指导地位，运用思政的方法论、立场、观点、教学、把其融入课程的教学中，实现育人的理想效果，完成立德树人、承担使命的职责。健美操课程教学也是体育教学的一部分，不仅要传授健美操强身健体的技能，更是促进人的身心和谐发展，也是培养意志品质和人文精神的重要渠道，将"课程思政"理念融入健美操教学实践中，对深化体育教育改革，实现体育育人目标具有重要的意义。

（1）教师要牢记育人职责，全面分析每个学生的发展特点，了解每个学生的目前学习状况、思想情况，有意识、动态地掌握思想政治教育及专业课的发展动态。提升教师自身的思想意识、个人修养、观察能力、分析能力等自身素质。

（2）增强学生的理想信念，职业道德与爱国主义的教育。思政内容要融入课堂的每一个环节，教师要善于观察并深入到每一个学生的心理，认真观察学生的细微变化，及时解决出现的情绪掩盖下的心理问题。以育人为依托，改进创新教学方法，在教学中体现出教学育人的本性，让课堂上的学生潜移默化地接受思想政治教育。

（3）教师要有耐心、有恒心，像对待自己的孩子那样去观察、关爱每一个学生，充分相信学生能学会、能变好，给学生成长的时间和机会。要善于利用表扬、赞誉手段，不遗余力地赞美学生，让学生领会到教师对他们的信任和诚意，使学生内心产生对教师的信赖和敬重。

（4）教师要用和蔼可亲、一视同仁的态度对待每一位同学，不管接受能力快与慢、外表形象美与丑、经济条件好与坏、心理素质强与弱等，都应该平等相待，使健美操课堂真正成为奥林匹克精神的传播之地。让学生体会到努力拼搏、刻苦训练、持之以恒、不懈奋斗带来的成果。

（5）团队教师必须及时沟通，交流课程思政教学中遇到的问题，吸取优秀教师的经验，修正自己教学中的不足。教师间利用教研活动的时间，进行人生观、世界观、价值观的研讨，统一思想，从而更好地开展课堂思政。

七、教学成效

通过两个年级的教学实践，健美操课堂融入课程思政理念对健美操教学整体成绩的提升是十分显著的。学生对老师的付出给予了高度评价，对自己的表现也感到十分满意。在健美操结业考试中全班平均分达到 89.7 分，最高分 94 分，最低分 84 分的好成绩。

课堂出勤率达到 100%（如果未出勤，任课教师电话询问并及时提醒，从而感动学生，使其主动进入课堂学习）；课堂上学生学习热情高涨，能够积极参与课堂上学生之间的互帮练习之中，发现错误主动去纠正；上课前每组同学都能够积极主动地清理教室卫生，使教室周围环境清洁整齐；在进行集中注意力练习时，同学们之间都能做到全力配合，互相协作，认真协助练习者完成受训任务并高质量完成；在课后作业完成上，由于任课教师及时督促、逐一评价，让学生深感被重视、被关爱，因此完成作业效果非常好。同时完成作业不理想的同学，经过反复打磨，反复提交，直至合格的过程，增加了学生的练习次数，也提高了掌握动作的熟练程度，对提高动作质量具有积极的促进作用。

把优秀学生的视频和常见共性错误学生视频传入钉钉直播群中，集中进行动作分析，使学生视觉感受到错误动作的位置，有利于纠正错误。同时优秀同学的示范作用起到鼓励与榜样作用，也提升了学生学习的热情。

在动作创编过程中学生的参与热情十分高涨，在分组过程中采用抓阄的方式，随机进行分组，每组学生的组成由于是随机形成的，因此每组的差异就会很大。可能这组学生每个人能力都很强，动作掌握能力都很好；更有可能能力都很差或者有好有差的编成一组。这时教师就要做好思想工作，讲清学习或工作中并不是随着人的愿望行事的，如何把劣势变成优势，需要整个团队的共同努力，充分发挥"短板效应"，把动作掌握不好的同学快速提升上来，同学之间就要充分发挥互帮互学的精神，好的同学主动耐心地帮助差的同学，达到共同进步、共同提升。

细胞生物学课程思政教学案例

单位：生命科学与技术学院　作者：张晓军

一、基本信息

课程名称：细胞生物学

授课对象：生物科学专业学生

教学章节：第十章第一节

使用教材：《细胞生物学》

二、课程思政教学改革整体设计思路

细胞生物学课程为生物科学专业的专业必修课，细胞生物学既是生命科学的基础学科，也是前沿学科；细胞的研究既是生命科学的出发点，又是生命科学的汇聚点。通过本课程的学习，要求学生在高层次水平上掌握细胞的结构与功能的基本知识和相互关系；熟悉细胞生命活动的基本理论及生命活动机理。

本次课教学内容为第十章第一节，主要内容讲授细胞骨架的广义和狭义概念，微管结构组成、微管的类型、微管装配过程、微管特异性药物、微管结合蛋白以及微管生物学功能。

讲授细胞骨架时，联想到习近平总书记指出："理想信念就是共产党人精神上的'钙'，没有理想信念，理想信念不坚定，精神上就会'缺钙'，就会得'软骨病'。"人无骨架，不成型；国无脊梁，不成国。徐悲鸿曾经说过"人不可有傲气，但不可无傲骨"，人在物质层面上可以贫穷，但是在精神层面上不可无志。中华民族是一个自强不息、有骨气的民族，在讲授"细胞骨架"时，结合"骨架的特点"。有机融入了中华民族优秀传统文化元素、民族英雄、民族脊梁、科学巨匠和道德楷模先进事迹的德育元素。进行爱党、爱祖国、爱人民的教育，进行中华民族自强精神和爱国主义情怀的教育，培养学生"胸中有誓深如海，愿将所学报祖国"舍身忘我的家国情怀，从而引导学生立德修身，坚定理想信念。

三、教学目标

1. 知识与技能目标

通过对细胞骨架微管发现过程的讲授，使学生了解在重大科学发现过程中科学家所应该具有的严谨的科学探索精神，掌握细胞骨架微管的结构组成、装配过程、特异性药物、结合蛋白以及重要生物学功能，使学生系统理解细胞骨架是维系"健康细胞社会"稳定生存的重要结构基础。通过本节课程的学习进一步培养学生的科学精神，综合运用知识分析问题、解决问题的能力。

2. 思想政治教育目标

国无德不兴，人无德不立，青年学生树立核心价值观就是立德修身，教学过程中有机融入社会主义核心价值观的德育元素，就是在践行立德树人的价值引领。本节课将融入中华民族优秀传统文化元素、民族英雄、民族脊梁和各行各业的道德楷模的德育元素，进行新时代伟大民族精神和价值观的教育，从而引导学生立德修身；进行爱党、爱祖国、爱人民的教育，坚信新时代中国特色社会主义道路的正确性。

四、教学重点难点

第一，春风化雨，润物无声，结合"骨架的特点"有机融入德育元素，培养学生的家国情怀。

第二，掌握细胞骨架微管的结构组成、装配过程、特异性药物、结合蛋白以及重要生物学功能，使学生系统理解细胞骨架是维系"健康细胞社会"稳定生存的重要结构基础。

五、教学过程

1. 情境创设，导入新课（第0—1分钟）

老师学生互动问答，问题一：人为何可以站立？因为人有骨架。问题二：如果人体没有骨架会怎样？没有骨架一滩肉泥。问题三：细胞为什么可以维持各种特有的形态？细胞也有骨架吗？大家讨论一下，引出新课课题"细胞骨架"。教师总结：今天讲授细胞骨架。人无骨架，不成型；国无脊梁，不成国。徐悲鸿曾经说过"人不可有傲气，但不可无傲骨"，强调人在物质层面上可以贫穷，但是在精神层面上不可无志。

2. 德育元素的融入

第一步：（第1—25分钟）

【思政1：爱国——民族精神的融入】

【案例1——点击课件进入第1组图片进行讲解】

（1）文天祥：人生自古谁无死，留取丹心照汗青。

（2）徐悲鸿：我代表我的祖国，你代表你的国家，等学习结业时，看到底谁是人才，谁是蠢材！

（3）朱自清：抗议美国扶日政策，拒领美援面粉。宁可贫病而死，也不接受侮辱性的施舍。

（4）杨靖宇：中国共产党优秀党员，著名抗日民族英雄。

（5）赵一曼：中国共产党党员，抗日民族英雄。

（6）李四光：为中国寻找石油建立了不可磨灭的功勋，打破了西方学者中国是一个贫油的国家的论断。

（7）铁人王进喜：宁肯少活二十年，拼命也要拿下大油田。

结合"细胞骨架"课程内容有机融入以下中华民族的"骨气与志气"的德育元素，培养学生的家国情怀。富强民主、爱国敬业、理想信念等德育元素的融入。

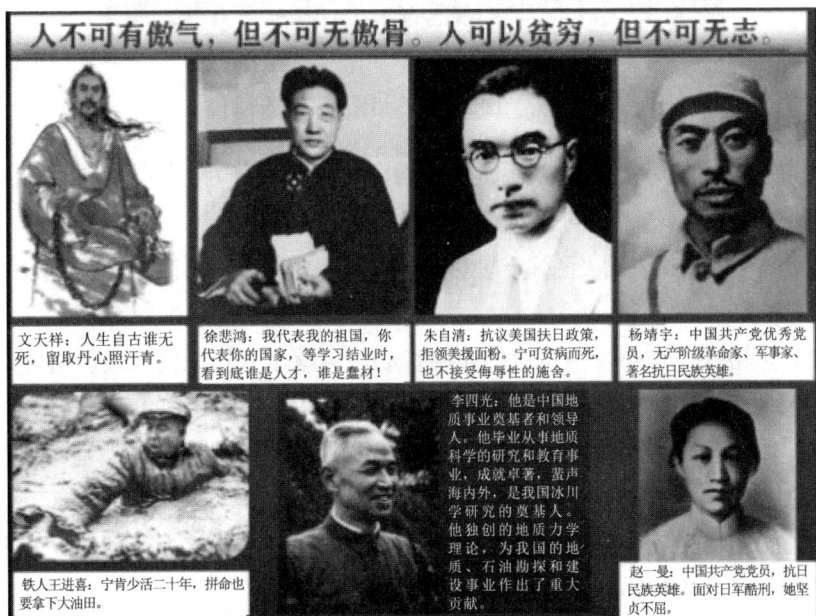

图1：第1组图片

【思政2：富强民主——中国共产党为广大人民谋福利，为人民服务】

【案例2——点击课件进入第2组图片进行讲解】

（1）毛泽东：1949年10月1日，中国人民从此站起来了！

（2）习近平：不忘初心，牢记使命。为实现中华民族伟大复兴的中国梦不懈奋斗！

（3）中华民族实现了从站起来、到富起来再到强起来的伟大飞跃，历史证明只有中国共产党领导才能实现这样的伟大壮举。

图2：第2组图片

【思政3：爱国敬业爱岗——民族脊梁，道德楷模，为祖国贡献毕生精力】

【案例3——点击课件进入第3组图片进行讲解】

（1）钱学森为代表的"两弹一星功勋"在共和国建设中的伟大贡献和舍小家为国家的爱国精神。

（2）焦裕禄：焦裕禄用自己的实际行动，铸就了亲民爱民、艰苦奋斗、迎难而上、无私奉献的焦裕禄精神，被誉为"党的好干部""人民的好公仆"。

（3）黄大年、袁隆平、屠呦呦的平凡而伟大的普通劳动者的事迹，体现爱国爱党爱人民的情怀。

（4）2020年武汉抗疫过程中以钟南山、陈薇、张柏礼等为代表的5万多名广大医护逆行者勇于担当的事迹。

图3：第3组图片

【思政4：爱国民主自由富强——一个民族需要崇拜英雄，特别是青年人要以英雄为榜样】

【案例4——点击课件进入第4组图片进行讲解】

（1）人民英雄纪念碑的碑文、浮雕及意义。

（2）使学生充分领悟只有中国共产党才能救中国的历史必然性是为近代历史反复证明的客观真理，也是中华民族走向繁荣富强的根本保证。因此，要坚持道路自信、理论自信、制度自信和文化自信。

图4：第4组图片

第2步：（第25—35分钟）讲解微管结合蛋白（MAP）

讲授微管结合蛋白形成网络结构时，结合实际，融入团结协作，团队精神。

【思政5：和谐友善——团结协作，团队精神，和谐社会】

【案例5——红花还需绿叶扶，孤掌难鸣。讲授微管骨架结构是完成正常功能所必须的，但单凭借微管自身是不能够担负起这样的功能的，需要大量的微管结合蛋白的协助，形成微管网络（团队），才能实现物质运输、细胞分裂功能，达到既定目标。强调团队精神的重要性。】

第3步：（第35—40分钟）讲解微管功能

讲授微管重要功能时，结合实际，融入构建和谐社会的现实意义。

【思政6：和谐友善——团结协作，团队精神，和谐社会】

【案例6——讲授微管重要功能时，结合人类社会，强调细胞相当于一个人类社会，如果细胞内各种结构之间不能和谐共处，不能协调一致，将会导致细胞死亡或癌变。强调构建和谐社会的重要性。】

六、教学反思

第一，专业课程既要保有其知识传统和能力提升的目标，又要将德育元素较好地融入进去。依据具体课程内容，随时融入，正确引导，融入几个点即可，不要为了思政而思政。避免牵拉硬拽，生搬硬套。做到行云流水、自然流畅、有机融合，无缝连接。

第二，做到与中小学思政教育相互衔接，前后延伸贯通，形成一体化思政教育体系，才能达到"百年树人"的教育目的，才能培养出合格的社会主义建设者和可靠接班人。

七、教学成效

在教学中，春风化雨，润物无声，结合"骨架的特点"有机融入以下德育元素，培养学生的家国情怀。主要体现在以下几方面：

提高爱国主义精神——民族精神的融入。优秀的中华民族传统文化源远流长，孕育着伟大的民族精神、彰显民族脊梁。

深植爱国敬业爱岗——民族脊梁，道德楷模，为祖国贡献毕生精力。

增强爱国民主自由富强决心——一个民族需要崇拜英雄，特别是青年人要以英雄为榜样。

学会和谐友善——团结协作，团队精神，和谐社会。

主讲内容得到学生与督导的一直好评，并以"线上教学优秀案例"和"课程思政融入专业课教学优秀案例"在牡丹江师范学院公众平台和黑龙江省教育厅在线教学平台进行交流推广。